高等教育管理与教学创新研究

郭彩华　吕　京◎著

RESEARCH ON HIGHER EDUCATION MANAGEMENT AND
TEACHING INNOVATION

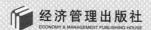

经济管理出版社
ECONOMY & MANAGEMENT PUBLISHING HOUSE

图书在版编目（CIP）数据

高等教育管理与教学创新研究/郭彩华，吕京著 . —北京：经济管理出版社，2023. 8
ISBN 978-7-5096-9199-1

Ⅰ.①高… Ⅱ.①郭… ②吕… Ⅲ.①高等教育—教育管理—研究 ②高等教育—教学研究
Ⅳ.①G64

中国国家版本馆 CIP 数据核字（2023）第 162371 号

组稿编辑：李红贤
责任编辑：李红贤
责任印制：许　艳

出版发行：经济管理出版社
　　　　　（北京市海淀区北蜂窝 8 号中雅大厦 A 座 11 层　100038）
网　　址：www. E-mp. com. cn
电　　话：（010）51915602
印　　刷：北京市海淀区唐家岭福利印刷厂
经　　销：新华书店
开　　本：720mm×1000mm/16
印　　张：12. 25
字　　数：220 千字
版　　次：2023 年 9 月第 1 版　　2023 年 9 月第 1 次印刷
书　　号：ISBN 978-7-5096-9199-1
定　　价：68. 00 元

Foreword
前 言

高等教育作为社会的重要组成部分，其质量和发展水平直接关系到国家的未来和人民的福祉。随着社会的不断发展和进步，高等教育面临着前所未有的机遇和挑战，如何提高高等教育的质量和效益，成为当前高等教育领域需要探讨和解决的问题。

本书旨在通过对高等教育管理和教学创新的研究，探讨如何提高高等教育的质量和效益，以推动高等教育的可持续发展。

本书分为七章，分别为导论、高等教育管理的基本概念、高等教育管理的实施、高等教育教学创新理论、高等教育教学创新实践、高等教育管理与教学创新的整合、研究结论与展望。第一章介绍了本书的研究背景和意义、研究目的和内容，以及研究方法和思路。第二章介绍了高等教育管理的概念、特点及现状。第三章提出了高等教育管理的现代化路径、现代化策略及评估与改进。第四章介绍了教学创新的概念和内涵、理论基础、关键要素和影响因素，以及评价与改进。第五章分享了一些高等教育教学创新的案例，并对其成效和未来发展趋势进行了评估和探讨。第六章探讨了高等教育管理与教学创新的关系与互动、协同效应和优化路径，以及整合实践与案例分享。第七章总结了本书的研究结论和贡献，并对未来高等教育管理与教学创新的发展进行了展望。

总之，本书旨在为高等教育管理与教学创新的理论研究和实践探索提供参考和指导，促进高等教育的可持续发展，为实现国家的教育发展战略和人才培养目标做出贡献。

本书由聊城大学东昌学院郭彩华和北京宣武红旗业余大学吕京共同撰写。具体撰写分工如下：郭彩华负责撰写第一章、第二章、第三章、第四章和第七章的内容（共计 12 万字）；吕京负责撰写第五章和第六章的内容（共计 10 万字）。

郭彩华

2023 年 4 月

Content

目　录

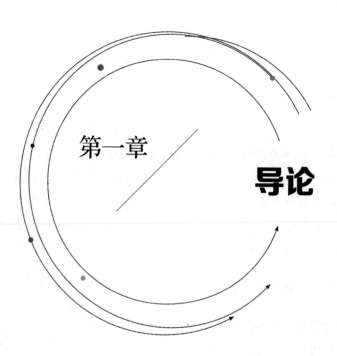

第一章

导论

第一节　研究背景和意义

一、研究背景

在高等教育管理与教学创新领域，研究背景包括以下几个方面：

（一）高等教育管理的发展历程

高等教育管理的发展历程可以追溯到 19 世纪末 20 世纪初，当时，一些国家或地区开始建立高等教育管理体系，并出现了专门的高等教育管理机构。20 世纪 60~80 年代，高等教育管理得到了进一步发展，一些国家和地区开始实行高等教育自主管理制度，促进了高等教育的快速发展。21 世纪以来，随着信息技术的快速发展和全球化趋势的出现，高等教育管理进入了一个全新的时代，需要通过创新和改革来适应新的机遇和挑战。

（二）高等教育管理存在的问题

高等教育管理存在的问题主要包括以下几个方面：第一，制度和机制不够完善，缺乏科学化、规范化和民主化的管理体系和管理模式；第二，资源配置不合理，存在地区和学科不均衡的问题；第三，教育质量不稳定，一些学校和专业的教育质量存在问题；第四，人才培养目标与社会需求脱节，一些专业和课程缺乏实用性。

（三）教学创新的发展历程

教学创新是指在教育教学过程中，对传统的教学方法和模式进行创新，以提高教学效果和质量。教学创新的发展历程可以追溯到 20 世纪 60~70 年代，当时，一些国家或地区开始探索教育教学改革和创新，并出现了一些新的教学方法和模式。21 世纪以来，随着信息技术的快速发展和全球化趋势的出现，教学创新也进入了一个全新的时代，同样需要通过创新和改革来适应新的机遇和挑战。

（四）教学创新存在的问题

教学创新存在的问题包括：首先，缺乏创新精神和意识，一些教师和学生对创新教育的认知不足。其次，近年来高等教育教学模式的改革和创新日益受到重视，以授课为主、考试为重的传统的教学模式已经难以适应现代社会的需求。因此，越来越多的高校开始探索教学创新，将学生置于更加主动、自主、探究性的学习环境中，通过各种形式的教学活动激发学生的学习兴趣和能动性，提高教育教学质量和效果。然而，在高等教育教学创新过程中，也会遇到一些问题和挑战，如教师和学生对新模式的接受程度不高、教学资源和设施不足、评价体系不完善等。

在这种背景下，对高等教育管理与教学创新进行深入研究和探索，探寻现有问题和面临的挑战的根源，寻找有效的解决方案和策略，对于推动高等教育现代化、提高高等教育质量和效果具有重要的理论意义和实践意义。

因此，本书旨在对高等教育管理与教学创新进行综合研究，探讨其现状、问题和挑战，提出高等教育管理的现代化路径和策略，总结教学创新的理论基础、关键要素和影响因素，并分享教学创新的实践案例和经验，为推动高等教育管理与教学创新的发展、提高高等教育质量和效果、培养更多的高素质人才做出贡献。

二、研究意义

本书的研究意义在于提供了一种更为全面、深入的视角以探讨高等教育管理与教学创新的关系，为高等教育管理与教学创新的发展提供理论和实践指导。

首先，对于高等教育管理与教学创新的发展具有重要的理论意义。本书将高等教育管理与教学创新视为相互依存、相互促进的关系，强调了高等教育管理与教学创新的整合和协同作用，拓展了传统高等教育管理研究的视角，丰富了教学创新理论研究的内容，为高等教育管理与教学创新发展的研究提供了新的思路和方法。

其次，对于高等教育实践具有重要的指导意义。高等教育管理与教学创新是高等教育发展的两个重要方面，本书结合实际案例，对高等教育管理和教学创新的实践进行了深入探讨和评估，为高等教育管理和教学创新实践提供了借鉴和启示。

最后，对于高等教育国际化具有重要意义。高等教育国际化是当今世界高等教育发展的主要趋势之一，本书探讨了高等教育管理与教学创新的关系与互动，对于推动高等教育国际化进程、提升高等教育的国际竞争力具有重要意义。

综上所述，本书对于高等教育管理与教学创新的理论研究、实践探索和国际交流具有重要的意义，具有一定的学术价值和实践价值。

第二节　研究目的和内容

一、研究目的

本书旨在探究高等教育管理与教学创新的互动关系，并提出一些可行的整合路径和策略，以促进高等教育的现代化和提高教学质量。具体而言，本书的主要研究目的如下：

（一）研究高等教育管理的基本概念和特点

通过研究高等教育管理的定义和特点，可以更好地理解高等教育管理的内涵和特征，为后续研究奠定基础。

（二）分析高等教育管理的现状和存在的问题

通过分析当前高等教育管理的现状和存在的问题，可以更好地了解高等教育管理所面临的挑战和问题，为提出可行的解决方案提供依据。

（三）提出高等教育管理的现代化路径和策略

通过研究高等教育管理现代化的路径和策略，可以为高等教育管理的改革和发展提供指导和支持。

（四）研究教学创新的概念和内涵

通过研究教学创新的概念和内涵，可以更好地理解教学创新的本质和特点，为后续研究奠定基础。

（五）分析教学创新的理论基础和关键要素

通过分析教学创新的理论基础和关键要素，可以为实践中的教学创新提供理论支持和指导。

（六）探究教学创新的影响因素和评价方法

通过探究教学创新的影响因素和评价方法，可以为教学创新的实施提供科学依据和评价标准。

（七）分享高等教育教学创新的案例和经验

通过分享高等教育教学创新的案例和经验，可以为其他高等教育机构提供借鉴和参考，推动教学创新的实践和发展。

（八）探究高等教育管理与教学创新的互动关系

通过探究高等教育管理与教学创新的互动关系，可以更好地理解二者之间的关系和互动机制，为实现高等教育管理与教学创新的有机整合提供理论支持和实践指导。

（九）提出高等教育管理与教学创新的整合路径和策略

高等教育管理与教学创新是相互关联、相互促进的，二者的整合是高等教育发展的必然趋势。本书旨在探讨高等教育管理与教学创新的整合路径和策略，以提升高等教育的质量和效益。首先，整合高等教育管理与教学创新的意义和必要性。其次，在实际操作中，需要遵循以下路径和策略：第一，强化高等教育管理的创新意识和实践能力。高等教育管理者需要具备创新意识和创新能力，关注教学创新的前沿动态和发展趋势，积极探索教学改革的新思路、新方法和新模式。第二，建立科学、有效的高等教育管理体系。高等教育管理体系应该包括从教学设计、教学评价到教学管理、教学改进的全过程管理，强调质量、效益和创新。第三，加强高等教育教师队伍的建设和培训。高等教育教师是教学创新的主体和基础，需要具备良好的教育理念、教学方法和教学技能，建立长期的教学创新机制和激励机制，提高教师的创新能力和实践能力。第四，构建信息化的高等教育管理与教学创新平台。信息化技术的发展为高等教育管理与教学创新提供了更多的机会和支持，可以建立教学管理信息系统、教师教学资源库、在线课程平台等，实现教学资源的共享和优化。第五，加强高等教育管理与教学创新的国际交流和合作。高等教育管理与教学创新是全球性的问题，需要加强国际交流和合作，借鉴国外先进经验和理念，探索国际化的教育模式和合作模式。第六，不断完善高等教育管理与教学创新的评估和监管机制。高等教育管理与教学创新的评估和监管是整合过程中不可或缺的环节，需要建立科学、完善的评估和监管机制，确保高等教育管理与教学创新的质量和效益。

二、研究内容

本书的研究内容主要涉及高等教育管理与教学创新两个方面，具体内容如下：

高等教育管理的基本概念：介绍高等教育管理的概念、范畴、特点等基本概念，为后续章节的研究提供基础；分析当前高等教育管理的现状，包括管理模式、管理体制、管理制度等方面的问题和挑战，为后续章节的研究提供背景和参考。

高等教育管理的实施：提出高等教育管理的现代化路径、策略和评估方法，探讨如何在现实中推进高等教育管理的现代化。

高等教育教学创新理论：介绍教学创新的概念和内涵、理论基础、关键要素和影响因素，以及评价与改进方法，为后续章节的研究提供理论支撑。

高等教育教学创新实践：分享一些高等教育教学创新的案例，并对其成效和未来的发展趋势进行评估和探讨。

高等教育管理与教学创新的整合：探讨高等教育管理与教学创新的关系和互动、协同效应和优化路径，以及整合实践和案例分享。

研究结论与展望：总结本书的主要研究成果和贡献，并对高等教育管理与教学创新的发展趋势和研究方向进行展望。

以上内容涵盖了本书的主要研究内容，旨在从多个角度全面深入地探讨高等教育管理与教学创新的相关问题，为推动高等教育的改革与发展提供理论支撑和实践参考。

第三节 研究方法和思路

本书采用了多种研究方法和思路，以全面深入地分析高等教育管理与教学创新的整合问题。主要研究方法和思路如下：

一、文献综述

对相关领域的学术文献进行了综述和分析，以了解国内外高等教育管理与教学创新的研究现状、理论框架、实践案例和发展趋势，为本书的研究提供了丰富的参考和理论支撑。

二、案例分析

笔者在实践中选取了多个高校进行案例研究，通过深入访谈、观察、问卷调查等方法，对高等教育管理与教学创新的整合进行了详细分析，从而发掘其中的优势和不足之处，并总结出成功的经验和不足的原因，为提出整合策略和路径提供了实践基础。

三、问卷调查

笔者进行了大量的问卷调查，收集了教师、学生和教学管理人员对高等教育管理与教学创新整合的看法和建议。通过对问卷数据的统计和分析，得出了教育管理和教学创新整合的问题和需求，从而更好地为整合提供策略和建议。

四、对比分析

通过对比分析国内外高等教育管理与教学创新整合的案例和经验，总结出不同地区和高校的整合策略及优缺点，从而为高等教育管理与教学创新的整合提供借鉴和参考。

综合以上方法和思路，本书充分发挥了定性与定量相结合的优势，对高等教育管理与教学创新的整合进行了全面深入的分析，为提出整合策略和路径提供了科学的理论基础和实践支撑。

第二章　高等教育管理的基本概念

第一节　高等教育管理的概念

高等教育管理是指对高等教育机构的各种活动进行计划、组织、协调、领导和控制的过程。它是为了实现高等教育机构的使命和目标，提高教学质量和教学效益，优化教育资源配置和利用效率，确保高等教育事业的可持续发展而进行的系统性和综合性管理活动。从狭义上讲，高等教育管理的概念包括以下几个方面：

一、高等教育管理的主体和对象

（一）高等教育管理的主体

高等教育管理的主体是高等教育机构。高等教育机构是高等教育的提供者，负责为学生提供教学、科研和社会服务等方面的支持。高等教育机构的管理主要包括人员管理、教学管理、科研管理、财务管理等方面。其中，人员管理是高等教育机构的基础管理，包括教师招聘、培训、考核等；教学管理是高等教育机构的核心管理，包括教学计划、课程设置、教学方法等；科研管理是高等教育机构的重要管理，包括科研项目申报、科研成果转化等；财务管理是高等教育机构的支撑管理，包括预算管理、资金管理、财务报告等。

1. 高等教育机构的概念

高等教育机构是指为实现高等教育目标而建立的组织机构。它是高等教育的组织者和提供者，是高等教育的主体。高等教育机构的发展离不开政府、社会和经济的支持和保障。在不同的国家和地区，高等教育机构的组织形式、管理方式和办学内容有所不同。但无论是哪种形式，高等教育机构都扮演着重要的角色，为社会培养各类人才，推动社会进步和发展。

2. 高等教育机构的分类

根据高等教育机构的组织形式、性质和办学内容等方面的不同，可以将高等教育机构分为以下几类：第一，综合大学。这种高等教育机构通常包括多个学院或研究所，提供多种学科的本科、研究生教育。第二，专业学院。这种高等教育机构通常只提供某一类别的教育，如医学院、工程学院等。第三，职业学校。这种高等教育机构主要培养各类专业技术人才，如中等职业学校、技工学校等。第四，独立学院。这种高等教育机构通常是由私人或公司等投资兴办的，独立于大学体系之外，提供本科教育。第五，开放大学。这种高等教育机构通常采取远程教育形式，为相关人员提供接受高等教育的机会。

3. 高等教育机构的管理方式

高等教育机构的管理方式包括传统的集权管理和现代化的分权管理。在传统的集权管理下，高等教育机构的决策和行为都由中央政府或地方政府掌控，机构内部的权力结构比较单一，管理层面相对僵化。而现代化的分权管理强调机构内部各部门之间的合作与协商，鼓励创新和多元化发展，加强教学、科研和社会服务等方面的协作。

在现代化的分权管理下，高等教育机构需要建立科学合理的组织结构和管理制度，赋予各部门更多的自主权和决策权，加强对学生、教师和管理人员的激励和约束，强调效率和质量的提高，实现内部的良性循环和可持续发展。

同时，高等教育机构的管理方式也需要考虑到不同国家和地区的文化、经济和政治环境的差异，以及不同类型高等教育机构的特点和需求。例如，发达国家更注重高等教育机构的分权管理和市场化运作，而发展中国家更注重政府的指导和资助，加强高等教育机构的基础设施建设和人才培养。

因此，高等教育机构需要根据自身的实际情况和发展目标，选择适合自己的管理方式，灵活运用各种管理工具和技术，加强与社会各方面的沟通和合作，促进高等教育的可持续发展。

（二）高等教育管理的对象

高等教育管理的对象是学生、教师、科研人员等高等教育机构的主要参与者。高等教育机构的管理目标是为学生提供高质量的教育和培养，为教师和科研人员提供良好的工作和研究环境，促进高等教育事业的发展和创新。在高等教育管理中，需要关注学生的学习和成长，提高教师和科研人员的教学与科研能力，加强高等教育机构的管理和服务能力，提高高等教育的质量和水平。

1. 学生管理

学生是高等教育机构最重要的参与者之一，他们是高等教育的接受者和未来的建设者，也是国家和社会的重要资源。因此，高等教育管理必须注重对学生的管理，以保证他们的学习、成长和发展。

学生管理包括入学管理、学籍管理、课程管理、生活管理、职业规划和发展等方面。入学管理包括招生政策和标准的制定、招生计划和名额的分配、设置录取考试和面试等。学籍管理包括学生的注册、学籍变动、学籍证明、毕业证书发放等。课程管理包括教学计划和教学内容的设计、教材的选定、课堂教学、课程评估等。生活管理包括宿舍管理、食堂管理、医疗保健、心理健康等。职业规划和发展包括就业指导、实习管理、创业培训等。

2. 教师管理

教师是高等教育机构的核心力量和主要承担者，他们的教学质量、素质和能力直接影响着高等教育的质量和水平。因此，高等教育管理必须注重对教师的管理，以提高教学质量和教学水平。

教师管理包括聘用管理、岗位设置、薪酬管理、职称评定、教学评估、教学研究等方面。聘用管理包括教师的招聘、选拔、录用、签订合同等。岗位设置包括教师职务的设定和职称的晋升和评定等。薪酬管理包括教师薪资制度的设计、实施和调整等。职称评定包括教师职称评审制度的设计、实施和调整等。教学评估包括对教学能力、教学质量和教学效果进行评价和反馈，以促进教学改进和提高教学水平。教学研究包括对教学方法、教材、教学手段和教学技术进行研究和探讨，以推动教学创新和提高教学效果。

在教师管理中，应该注重以下几点：第一，建立合理的教师聘用和评价制度，包括招聘、录用、评聘、奖惩等方面，以确保教师的素质和能力；第二，建立完善的教师岗位设置和职称评定制度，包括岗位设置、职称评审、晋升等方面，以激励教师的积极性和创造性；第三，设计合理的教师薪酬制度，包括基本工资、津贴、奖金等方面，以体现教师的价值和贡献；第四，加强对教师的培训和培养，包括教学方法、教材、课程设计、教学评估等方面，以提高教师的教学能力和水平；第五，加强对教师的监督和评估，包括教学质量、教学效果、教学态度等方面，以提高教师的教学质量和水平；第六，鼓励和支持教师的教学研究和教学创新，包括教学方法、教材、课程设计、教学手段等方面，以推动教学创新和提高教学效果；第七，建立教师交流和合作机制，包括学科建设、团队合作、课程开发等方面，以促进教师之间的交流和互相学习。

综上所述，教师管理是高等教育管理的重要组成部分，它的质量和效果直接关系到高等教育的质量和水平。因此，高等教育管理者应该注重教师管理，制定合理的政策和措施，以提高教师的教学能力和水平。同时，教师本身也应该加强自身的能力和素质提升，不断探索教学创新和教育改革的路径。除上述主体和对象，高等教育管理还涉及社会和国家的利益。高等教育机构需要根据国家和社会的需要，为社会培养高素质的人才，推动经济和社会的发展。高等教育管理需要与社会和国家的需求相结合，实现高等教育机构与社会的互动和合作，促进高等教育的可持续发展。

二、高等教育管理的内容和任务

高等教育管理的内容包括对高等教育机构的教学、科研、服务等各个方面的活动进行计划、组织、协调、领导和控制等管理活动，任务则是实现高等教育机构的使命和目标，提高教学质量和教学效益，优化教育资源配置和利用效率，确保高等教育事业的可持续发展。

（一）高等教育管理的内容

高等教育管理的内容十分广泛，包括对高等教育机构的教学、科研、服务等各个方面的管理。下面分别从这些方面进行详细的探讨。

1. 教学管理

教学管理是高等教育管理的核心内容，主要包括教学计划、教学质量评估等方面的管理。其中，教学计划是教学管理的重要组成部分，包括学分制度、学年制度、课程设置等。学分制度是高等教育管理的一项重要制度，它是对学生学习和教师教学的有效管理方式；学年制度是高等教育管理的另一项重要制度，它是保证学生学业顺利进行的关键。此外，课程设置是教学计划的重要组成部分，它要根据学科特点和学生需求进行设置，确保课程的质量和有效性。教学质量评估是教学管理的重要内容之一，它可以评估教学质量、检查教学工作是否达到预期目标。教学质量评估包括教学评估和学生评估两个方面。教学评估是对教学工作的总体评估，包括对教学过程、教学内容、教学方法等的评估。学生评估是学生对教师授课效果、课程、教学方式和教学资源等的评估。

2. 科研管理

科研管理是高等教育管理的重要组成部分，主要包括科研计划、科研课题、科研项目等方面的管理。科研计划是科研管理的重要组成部分，是规范科研工作、提高科研水平的重要方式。科研课题和科研项目是高等教育机构开展科研工作的重要载体，它们的开展可以提高高等教育机构的科研水平，加强教师的科研能力和科研质量。

3. 服务管理

高等教育管理的另一个重要内容是服务管理，主要包括校园环境、学生生活、校园安全等方面的管理。校园环境管理是保障高等教育机构正常运转的重要保障。学生生活管理关注学生生活和学习的方方面面，包括住宿、饮食、医疗等服务，旨在提高学生的生活质量和学习效果。校园安全管理是高等教育机构安全稳定的重要保障。

在校园环境管理方面，高等教育机构需要建立完善的物业管理体系，包括设施设备的维护、维修和更新等。同时，还要注重环境卫生和绿化，营造良好的校园文化和氛围。

在学生生活管理方面，高等教育机构需要提供优质的住宿和饮食服务。对于住宿服务，需要注重宿舍设施的完善和卫生保障，提供安全舒适的住宿环境。对于饮食服务，需要注重食品质量和卫生保障，提供多样化的饮食选择。同时，高等教育机构还需要提供医疗服务，包括校园医疗保健服务和应急救援服务。校园医疗保健服务主要包括健康检查以及常见病、急症治疗等方面的服务。应急救援服务则是在突发事件和紧急情况下提供及时、有效的应急处理和救援服务。

在校园安全管理方面，高等教育机构需要建立健全安全管理体系，包括防范火灾、盗窃、电梯事故等各种安全事件。同时，还需要加强校园安全教育，提高学生和教职工的安全意识和自我保护能力。

高等教育管理的服务管理旨在提高高等教育机构的服务质量和学生的生活品质。

（二）高等教育管理的任务

1. 实现高等教育机构的使命和目标

高等教育机构的使命和目标是为社会培养高素质的人才，提供高质量的教育和科学研究服务。高等教育管理的任务之一就是要实现高等教育机构的使命和目标，确保高等教育机构能够为社会培养出更多更好的人才，提供更优质的教育和科研服务。

2. 提高教学质量和教学效益

高等教育管理的另一个重要任务是提高教学质量和教学效益。教学质量和教学效益是高等教育的核心竞争力和生命线，只有不断地提高教学质量和教学效益，才能更好地满足社会和人才市场的需求，提高高等教育的地位和影响力。

3. 提升教育资源的配置和利用效率

教育资源是高等教育的重要基础，包括物质资源、人力资源、信息资源等。高等教育管理应该优化教育资源的配置，以确保充分利用教育资源，提高教学质量和教学效益。

4. 确保高等教育事业的可持续发展

高等教育管理的最终任务是确保高等教育事业的可持续发展。高等教育事业是国家和社会的重要事业，必须确保其可持续发展，不断提高其发展水平和质量，以适应社会和经济发展的需求。

高等教育管理需要注重机制创新、制度建设和管理能力提升。只有通过不断创新管理机制、建立健全制度体系、提高管理能力水平，才能够更好地实现高等教育管理的任务，促进高等教育事业的可持续发展。

三、高等教育管理的原则和方法

高等教育管理的原则包括科学性、规范性、公正性、效率性等，高等教育管理的方法包括计划管理、过程管理、绩效管理、质量管理等。

（一）高等教育管理的原则

高等教育管理的原则是指在高等教育管理的实践中所遵循的一些基本准则和

方针，这些原则是指导高等教育管理工作的基础，可以帮助高等教育机构实现其使命和目标，提高教学质量和效益，保障教育资源的合理配置和利用，促进高等教育事业的可持续发展。

1. 科学性

高等教育机构是复杂的组织体系，面临着复杂多变的内外部环境，所以高等教育管理需要科学的理论和方法来指导与支持。科学性的核心是数据和事实，高等教育管理需要建立完善的数据分析和决策支持体系，通过数据的分析和评估来制定与调整教育管理政策及措施，从而提高教学质量和教学效益。同时，高等教育管理还需要不断引入新的科技和理念，将科学成果和创新思维融入管理实践中，不断提升高等教育管理的科学性。

2. 规范性

高等教育机构是一种公共服务机构，其管理行为应该符合法律法规、政策和职业道德规范等的规定，具有合法性和合理性。规范性管理的核心是规章制度建设，高等教育机构需要建立完善的规章制度体系，明确各项管理制度和流程，规范工作流程，确保教育管理工作的规范化和制度化，提高管理的透明度和公信力。

3. 公正性

高等教育机构的管理应该是公正的，既要保证权利的合法性和合理性，也要保证公平和公正的原则，对所有的师生、员工平等对待，不偏袒不歧视，公正处理各类问题。高等教育管理需要注重公开透明，通过公开信息、公开决策、公开财务等手段，加强管理的公正性和透明度。

4. 效率性

效率性指的是高等教育机构在实现教育目标和任务的过程中，要充分利用有限的资源，尽可能地提高教学效果和教学效率，以实现资源的最优化配置。

高等教育管理在实现效率性原则的过程中，需要注意以下几点：第一，合理配置资源。高等教育机构在进行资源配置时，需要充分考虑各种资源的类型和需求，将资源分配到最需要的地方，避免资源的浪费和闲置。第二，优化管理流程。高等教育机构应该优化各项管理流程，以提高工作效率和管理效果，减少冗余流程和时间浪费。第三，强化绩效评估。高等教育机构应该建立完善的绩效评估体系，对各项工作进行评估和反馈，及时发现问题并提出改进方案，以提高教学效果和教学效率。第四，培养高效的管理团队。高等教育机构应该注重培养高效的管理团队，建立专业的人才培养机制，提高管理团队的素质和能力，以推动高等教育管理工作的高效运行。第五，采用现代技术。高等教育机构应该采用现代技术，提高信息化水平和管理效率，加快管理决策和反应速度，提高教学效果和教学效率。第六，强化目标管理。高等教育机构应该制定明确的管理目标，建立有效的目标管理体系，以确保教育目标的有效实现，提高教学效果和教学效率。

在实现效率性原则的过程中，需要注重平衡各项要素，避免过度追求效率而忽略教育目标和质量。只有在保证教育目标和质量的前提下，才能更好地实现效率性原则。

（二）高等教育管理的方法

高等教育管理是实现高等教育机构的使命和目标，提高教学质量和教学效益，优化教育资源配置和利用，确保高等教育事业的可持续发展的关键。为了实现这些目标，需要采取一系列有效的管理方法。

1. 计划管理

计划管理是高等教育管理的基础。它是一种以目标为导向，以资源分配为手段，通过制订计划、制定目标和任务、制定时间表、确定预算和资源分配方案等，规范和管理高等教育机构运营的方法。

计划管理应遵循以下原则：第一，合理性。计划制订应考虑高等教育机构的实际情况和特点，避免计划过度理想化，确保计划的可行性和有效性。第二，可操作性。计划制订应具有可操作性，能够明确各项任务的具体要求和实施步骤，为高等教育机构提供有效的指导。第三，可评估性。计划制订应具有可评估性，能够为高等教育机构提供科学的评价和反馈机制，以便及时纠正计划中的不足和缺陷。第四，可控性。计划制订应具有可控性，能够在实施过程中及时调整和控制进度，确保计划的完成和目标的实现。

计划管理的实施过程需要高等教育机构管理层、教师和学生的积极参与和配合。在制订计划时，应该充分考虑各方面的意见和建议，形成统一的行动计划。在实施计划时，应及时跟踪进展，评估效果，确保计划的顺利完成。

2. 过程管理

过程管理是高等教育管理的重要内容。它是一种通过对高等教育机构的各项业务流程进行分析、设计和优化，以提高教学质量、提高效率、降低成本、提高服务水平的方法。过程管理应遵循以下原则：第一，客户导向。过程管理的重点是学生和教师，应该满足他们的需求和期望，提高服务质量和满意度。第二，持续改进。过程管理应该是一个持续改进的过程，需要通过不断地反馈、调整和优化来提高效率和质量。第三，流程优化。过程管理应该从业务流程入手，通过优化流程来提高效率和质量。第四，数据驱动。过程管理应该依据数据和指标来衡量和评估效果，并进行相应的调整和优化。

过程管理的具体方法包括流程重组、流程再造、业务流程再造、业务流程改进等。其中，流程重组是指对现有的业务流程进行重新组合和优化，以提高效率和质量；流程再造是指对整个业务流程进行重新设计和实现，以适应新的环境和要求；业务流程再造是指对整个业务过程进行全面改变和再造，以提高效率和质量；业务流程改进是指对现有业务流程进行改进和优化，以提高效率和质量。

3. 绩效管理

绩效管理是一种通过设定目标、制定绩效指标、实施监控和评估来提高管理效能和效率的方法。在高等教育管理中，绩效管理应遵循以下原则：第一，目标导向。绩效管理应该以实现高等教育机构的目标为导向，通过设定目标和指标来确保目标实现的效果。第二，全面管理。绩效管理应该涵盖高等教育机构的各个方面和环节，以确保全面、协调和一致的管理。第三，科学管理。绩效管理应该依据数据和事实来设定指标和评估绩效，以保证科学和公正。第四，持续改进。绩效管理应该是一个持续改进的过程，需要通过不断地监控、评估和调整来提高效率和质量。

绩效管理的具体方法包括目标管理、绩效考核、绩效评价和绩效改进等。其中，目标管理是指设定目标和指标，以确保高等教育机构的各项工作与目标一致；绩效考核是指对学校工作的完成情况进行考核和评估；绩效评价是指对学校绩效的效果和质量进行评估和分析；绩效改进是指通过持续地监控、调整和优化来提高绩效和效率。

4. 质量管理

质量管理是一种通过对高等教育机构的各个方面和环节进行分析、评估和优化，以提高教学质量、服务质量和管理质量的方法。质量管理应遵循以下原则：第一，全员参与。质量管理应该成为全员参与的工作，每个人都应该对教学质量和服务质量负责。第二，持续改进。质量管理应该是一个不断改进的过程，不断提高质量管理水平和效果。第三，标准化。质量管理应该依据一定的标准和规范，以保证质量管理的一致性和有效性。第四，数据驱动。质量管理应该基于数据和事实，通过收集、分析和利用数据来改进教学和服务质量。

质量管理应包括以下步骤：第一，设定质量标准。确定高等教育机构的质量标准和指标，以便对教学、科研和管理等方面进行评估和监测。第二，收集数据和信息。通过各种途径和手段收集教学、科研和管理等方面的数据和信息，以便对其进行分析和评估。第三，分析和评估。对收集的数据和信息进行分析和评估，以识别存在的问题和不足，为改进提供依据。第四，制定改进方案。根据评估结果，制定相应的改进方案和措施，以解决和弥补存在的问题和不足。第五，实施改进方案。按照制定的改进方案和措施实施，对改进效果进行监测和评估。第六，持续改进。不断反思和总结经验，对改进方案和措施进行调整和优化，以保证质量管理的持续改进和提高。

质量管理的具体方法和工具包括流程分析和改进、PDCA 循环、ISO 质量管理体系、质量检查和内审等。通过这些方法和工具，可以有效地提高高等教育机构的教学质量和服务质量，增强高等教育的核心竞争力和吸引力。

四、高等教育管理的目标和指标

（一）高等教育管理的目标

高等教育管理的目标是实现高等教育机构的使命和目标，提高教学质量和教学效益，优化教育资源配置和提升利用效率，确保高等教育事业的可持续发展。具体来说，高等教育管理的目标可从以下几个方面来阐述：

1. 提高教学质量和教学效益

高等教育机构的首要任务是提高教学质量和教学效益。高等教育管理应该通过采取优化课程设置、完善教学方法、加强教学评估等措施，提高教学质量和教学效益。

2. 优化教育资源配置和提高利用效率

高等教育资源是有限的，如何合理配置和利用高等教育资源是高等教育管理的重要任务。高等教育管理应该根据学科建设、学科发展趋势和社会需求，科学规划、合理配置教育资源，确保资源的最大化利用。

3. 促进高等教育的国际化和提高国际竞争力

随着全球化的加速和教育国际化的趋势，高等教育机构需要在国际舞台上获得更高的竞争力。高等教育管理应该注重国际化发展战略的规划和实施，提高国际化程度和国际竞争力。

4. 加强高等教育机构的管理和服务

高等教育机构的管理和服务直接关系到教学质量和教学效益的提高，以及师生满意度的提升。高等教育管理应该加强高等教育机构的管理和服务，建立高效、规范、公正、创新的管理机制，提供优质的服务。

5. 推动高等教育事业的可持续发展

高等教育事业的可持续发展是高等教育管理的最终目标。高等教育管理应该注重教育质量和教育资源的可持续发展，推动高等教育事业的健康可持续发展。

（二）高等教育管理的指标

高等教育管理的指标是衡量高等教育机构及其各个方面工作表现的重要标准。它们可以帮助高等教育机构更好地了解自身的工作情况，从而制定合适的管理策略和实施措施，以达到更好的教学质量和服务效果。以下是高等教育管理的主要指标：

1. 学术声誉和排名

学术声誉和排名是衡量高等教育机构学术水平和综合实力的重要指标。学术声誉是指高等教育机构在学术领域内的声望和影响力，它与高等教育机构的学术水平、师资力量、科研能力、学科设置等因素密切相关。学术声誉可以通过各种学术排名、学科排名、学术论坛等方式进行评价。

排名则是指对高等教育机构进行综合评价并进行排名的活动。目前，全球范围内最具影响力的高等教育机构排名包括 QS（Quacquarelli Symonds）世界大学排名、泰晤士高等教育（Times Higher Education，THE）世界大学排名和上海交通大学世界大学学术排名等。这些排名会综合考虑高等教育机构的教学水平、科研水平、师资水平、学术声誉、国际化程度等多个方面的指标。

高等教育机构的学术声誉和排名对于吸引优秀的学生和教师、获得更多的资金支持、提高学术声誉和国际竞争力等具有重要意义。因此，高等教育管理应该注重提升高等教育机构的学术声誉和排名，为高等教育机构的发展创造更好的条件和环境。

2. 招生规模和质量

招生规模和质量是衡量高等教育机构教学质量和综合实力的重要指标之一。招生规模通常包括学生总数、本科生和研究生人数等，招生质量则通常包括录取分数线、学科竞赛获奖人数、学生素质评价等。

提高招生规模和质量可以带来多方面的好处。首先，适度的招生规模可以增加高等教育机构的影响力和社会地位，扩大教育资源的覆盖面，满足人才需求。其次，高质量的招生可以提高学生的整体素质，增强毕业生的就业竞争力，促进高等教育机构的可持续发展。

高等教育机构应该注重招生规模和质量的平衡。招生规模不应过大，以免超过高等教育机构的承载能力，影响教学质量和服务质量。招生质量也应该得到足够的关注和投入，以提高教育质量和服务水平。高等教育机构可以通过制订科学的招生计划、优化招生政策和加强招生宣传等方式来提高招生质量和规模。同时，高等教育机构应不断地提高自身的办学水平和教学质量，以吸引更多优秀的学生。

3. 教学质量评估

教学质量评估是评估高等教育机构教学工作的重要指标之一，包括对教学质量、课程设置和教材质量、教学手段和方法、教学效果等方面的评估。教学质量评估可以通过以下几种方式进行：第一，学生评估。学生评估是教学质量评估的重要方式之一，它可以帮助高等教育机构了解学生对教学质量的评价和建议，及时发现教学问题并加以改进。学生评估的内容包括教学质量、课程设置、教学方法和教材质量等。第二，同行评估。同行评估是由高等教育机构内部教师或外部专家对教学质量进行评估的一种方式。同行评估可以从不同角度和层面对教学质量进行评估，发现问题并提出改进建议。第三，教学效果评估。教学效果评估是通过考核学生的学习成果、能力和技能等来评估教学质量的一种方式。教学效果评估可以从学生的学习成绩、毕业生的就业情况等方面进行。第四，教学质量评估指标体系。教学质量评估指标体系是评估高等教育机构教学质量的标准和指标体系，包括教师的教学能力、课程设置和教材质量、教学手段和方法、教学效果等方面的指标。教学质量评估指标体系可以作为高等教育机构教学质量保障的重要参考。

4. 科研水平和科研成果

科研水平和科研成果是衡量高等教育机构学术实力和影响力的重要指标。高等教育机构应该注重科学研究和学术成果的产出，不断提高科研水平和质量，以提高自身的学术声誉和竞争力。科研水平可以通过以下指标进行评估：第一，科研经费投入。科研经费投入是开展科研活动的基础和保障。高等教育机构应该合理分配科研经费，提高科研活动的投入水平，以保证科研活动的顺利开展。第二，科研项目的数量和水平。科研项目的数量和水平反映了高等教育机构的科研实力和研究能力。高等教育机构应该注重科研项目的申报和实施，提高科研项目的数量和水平，推动科研成果的产出。第三，科研成果的数量和质量。科研成果是衡量高等教育机构科研实力的重要指标。高等教育机构应该注重科研成果的产出，提高科研成果的数量和质量，推动科研成果的应用和转化。第四，学术影响力。高等教育机构的学术影响力可以通过学术论文发表、学术会议参与、学术专家邀请等指标进行评估。高等教育机构应该注重学术交流和合作，提高学术影响力和国际竞争力。

总的来说，高等教育机构应该注重科研活动的开展和成果的产出，提高科研水平和学术实力，以提高其学术声誉和国际竞争力。

5. 师资力量

师资力量是衡量高等教育管理水平的一个重要指标，是指对高等教育机构中教师队伍的构成、数量、素质和能力等方面的综合评价。高素质的师资队伍不仅是教学质量的重要保障，也是高等教育机构科学研究、人才培养和社会服务等各个方面发展的重要支撑。

衡量师资力量的指标主要包括教师的学历、学位、职称、学科背景、教学和科研成果等。其中，学历和学位是衡量教师素质的重要指标，学科背景、教学和科研成果则是衡量教师能力的关键指标。同时，职称也是衡量师资力量的重要标准。

为了提高师资力量，高等教育管理需要采取一系列措施。首先，高等教育机构需要重视师资队伍建设，加强对教师的选拔、培训和激励。其次，高等教育机构需要建立健全教师评价和激励机制，激励教师提高教学和科研能力，提高教育教学质量。最后，高等教育机构需要通过各种渠道引进优秀教师，扩大师资队伍规模，整体提高师资水平。

师资力量在高等教育管理中是一个不可或缺的重要指标，高等教育机构应该重视师资队伍建设，加强教师的培训和激励，提高教师的教学和科研能力，以提高高等教育的教学质量。

6. 教育资源配置和利用效率

教育资源配置和利用效率是衡量高等教育机构管理水平与教学效果的重要指标之一。教育资源包括师资、教学设施、教学资料、实验设备、图书馆资源等方面，它们是高等教育机构教学和科研活动必不可少的物质基础。如何合理配置并充分利用这些资源，是提高教学效果和管理效率需要考虑的重要问题。

合理配置教育资源需要考虑教育资源的供需关系，根据学科特点和教学需求，进行有针对性的投入和管理。同时，要合理规划、建设和使用教学设施和实验设备，提高它们的利用率和效益。

充分利用教育资源需要从多个方面进行管理，包括教学和科研的整合、信息技术的应用、实践教学的开展、校企合作等。同时，要加强对教育资源的监测和评估，及时调整资源配置和利用方式，以提高教育资源的利用效率。

7. 学生满意度和毕业生就业率

学生满意度和毕业生就业率是衡量高等教育机构服务质量和毕业生综合素质的重要指标。它们反映了高等教育机构在学生教育和毕业生就业方面的表现和质量水平。学生满意度通常通过问卷调查等方式进行评估，包括对教学质量、教学设施、校园文化和服务等方面进行评价，反映了学生对高等教育机构及教学和服务的满意度。毕业生就业率是指毕业生在毕业后一段时间内的就业率，反映了高等教育机构毕业生的就业能力和竞争力，以及教育机构与社会和市场的对接情况。

第二节 高等教育管理的特点

高等教育管理具有多样性、复杂性、开放性和前瞻性等特点。

一、多样性

高等教育管理的多样性特征是指不同国家和地区、不同类型的高等教育机构在管理理念、制度、方式和方法上存在着差异。多样性特征主要体现在以下几个方面：

（一）国别特征

不同国家的高等教育管理存在着明显的差异。在西方发达国家，高等教育的管理体制相对灵活，学术自由度高，高等教育机构拥有较大的自主权，管理方式强调市场化和竞争性；而在发展中国家，高等教育的管理体制相对僵化，学术自由度低，政府对高等教育机构的控制力较强，管理方式强调计划性和集中性。

（二）学校类型特征

不同类型的高等教育机构在管理上也存在着差异。例如，综合型大学的管理相对复杂，需要协调多个学科领域的发展和协作；专业院校的管理则相对简单，注重专业发展和特色建设。

（三）学科领域特征

不同学科领域的高等教育机构在管理上也存在着差异。例如，文科高校注重学术自由度和思想启发，强调人文关怀；理工科高校注重实践能力和技术应用，强调实践教学和产学研合作。

（四）学校规模特征

不同规模的高等教育机构在管理上也存在着差异。例如，大型高等教育机构的管理比小型高等教育机构复杂。大型高等教育机构需要建立完善的管理体系和人才培养机制，以满足学生和社会的需求；小型高等教育机构则注重灵活性和适应性，强调教学质量和教师素质。

综上所述，高等教育管理者需要根据本地区和本机构的特点，灵活运用不同的管理方式与方法，以提高高等教育的质量和水平。

二、复杂性

高等教育管理涉及多个领域、多个利益相关者和多种复杂关系的系统性、复杂性的管理工作，因而就具有较强的复杂性特征。以下从高等教育管理的各个方面探讨其复杂性特征，并提出应对策略。

（一）组织结构的复杂性

高等教育机构作为一种复杂的组织形式，其组织结构也具有复杂性的特征。这种复杂性主要表现在以下几个方面：

1. 组织架构多层次

高等教育机构通常由多个层次组成，如校董会、校务委员会、学院/系、教研室等。每个层次都有不同的职责和权力，相互之间又存在着复杂的关系和互动。因此，要对高等教育机构进行有效的管理，需要深入了解其组织结构，合理分配职责和权力，保证各级管理机构之间的协调与合作。

2. 决策机制复杂

高等教育机构的决策通常是由多方面的利益相关者参与和影响的，如教师、学生、管理人员、政府部门等。不同的利益相关者往往有不同的利益诉求和需求，这使得高等教育机构的决策过程非常复杂。为了确保决策的公正性和科学性，高等教育管理者需要制定明确的决策流程，明确决策权责任，促进各方面的有效沟通和协调。

3. 工作任务复杂

高等教育机构的工作任务涵盖多个方面，包括教学、科研、社会服务等。这些任务涉及的对象和内容非常广泛，需要高等教育管理者协调各方面资源，合理安排工作计划，确保任务的完成质量和效率。

4. 管理对象复杂

高等教育机构的管理对象涉及多方面的利益相关者，如教师、学生、家长、政府部门、社会组织等。这些对象的需求和诉求往往存在着矛盾和冲突，因此高等教育管理者需要根据不同对象的特点和需求，制定相应的管理策略和措施，保证管理的公正性及效果。

5. 管理手段复杂

随着科技的不断发展，高等教育管理所涉及的管理手段也越来越复杂，如信息技术、人工智能、大数据分析等。这些技术手段的应用能提高高等教育管理的效率和效果，高等教育管理者需要不断学习、适应和创新，以更好地应对这些复杂的管理手段。

其中，信息技术是高等教育管理中使用最为广泛的一种手段，它可以用于学生招生、课程安排、教学评估等方面。学生可以通过网络了解学校的招生政策和报名流程，同时也可以在线提交申请和材料。学校可以通过网络招生系统对申请学生的信息进行筛选和评估，同时也可以随时了解招生情况。在课程安排方面，信息技术可以帮助学校更好地管理和利用教学资源，安排适合学生的课程和课程表；在教学评估方面，信息技术可以帮助学校快速、准确地进行教学评估，及时反馈学生的意见和建议，从而提高教学质量。

此外，人工智能和大数据分析也是高等教育管理中新兴的管理手段。人工智能可以帮助学校更好地识别学生的需求和问题，并给出个性化的解决方案。例如，学校可以使用人工智能来帮助学生选择适合自己的课程和职业方向，同时也可以通过人工智能来辅助教师进行教学活动的设计和优化。大数据分析则可以帮助学校更好地了解学生的需求和反馈，及时发现问题并进行处理。例如，学校可以通过大数据分析来了解学生的学习习惯和兴趣爱好，为学生提供更加个性化的服务和支持。

然而，这些新的管理手段也带来了新的挑战和问题。首先，高等教育管理者需要具备相关的技能和知识，才能更好地应用这些手段。其次，这些手段的应用需要大量的数据和资源支持，因此需要加强信息共享和合作。最后，这些手段的应用需要注重数据隐私和信息安全问题，以确保学生和教师的信息安全。

综上所述，高等教育管理的复杂性体现在其管理手段的复杂性上。高等教育管理者需要不断学习和更新知识，以适应新的管理手段的应用，并注重数据隐私和信息安全问题，以确保高等教育管理的顺利进行。

（二）利益相关者的复杂性

高等教育管理涉及众多利益相关者，包括政府、学校、教师、学生、社会、企业等。这些利益相关者往往有着不同的利益诉求和目标，从而使高等教育管理需要在多种利益之间进行协调和平衡，这也是高等教育管理的一个复杂性特征。为了应对高等教育管理中的利益相关者复杂性，需要在管理过程中注重多方面沟通、协商，尊重各方利益，做到公平、公正、公开。同时，需要建立科学、合理的利益分配机制，以实现利益的最大化。

第一，学生是高等教育机构最重要的利益相关者之一。学生是高等教育的主要受益者和直接消费者，他们对高等教育的质量和服务水平有着很高的期望。高等教育管理者需要关注学生的需求和期望，提供优质的教学和服务，以满足学生的需求。

第二，家长也是高等教育机构的重要利益相关者之一。家长对孩子的教育有着很高的期望，他们希望孩子能够获得优质的高等教育，提高孩子的生存竞争力。高等教育管理者需要与家长建立良好的沟通和合作关系，了解他们的需求和期望，及时提供信息并进行反馈。

第三，教师是高等教育机构的核心力量和主要承担者，他们对高等教育的质量和水平有着至关重要的影响。高等教育管理者需要关注教师的福利和权益，提供合适的培训和发展机会，以提高教师的素质和能力。

第四，政府机构是高等教育管理的重要利益相关者之一。政府在高等教育的监管、政策制定和资源分配等方面发挥着重要作用。高等教育管理者需要与政府机构保持密切联系，了解政府的政策和要求，遵守法律法规，确保高等教育机构的合法性和规范性。

第五，社会各界也是高等教育管理的重要利益相关者之一。高等教育机构应该积极参与社会服务和社会责任活动，与社会各界建立良好的关系和合作，提高高等教育机构的社会声誉和形象，推动高等教育事业的发展。

社会各界作为高等教育管理的利益相关者，既是高等教育机构的服务对象，又是高等教育机构所处社会的重要组成部分。社会各界包括政府、行业协会、企业、民间组织、媒体等多个方面，它们对高等教育机构的发展和运营都有着重要的影响。

政府是高等教育管理的主要监管者和决策者，政府通过制定政策和法规，对高等教育机构的运营进行指导和规范。政府还对高等教育机构的资金、土地等方面进行投资和管理，直接影响着高等教育机构的运营和发展。

行业协会和企业是高等教育机构的重要合作伙伴，它们能够提供实习、培训、就业等机会，为高等教育机构的教学质量和教学效果提供支持与保障。同时，它们还能为高等教育机构的科研和社会服务提供资金与技术支持，推动高等教育机构与产业界的融合和创新。

民间组织和媒体是高等教育机构的监督者和舆论引导者，它们能够通过舆论监督、信息公开等方式推动高等教育机构的改进和提升。同时，它们还能够对高等教育机构的形象和声誉产生直接影响，推动高等教育机构的社会责任和公众形象建设。

在高等教育管理中，社会各界利益相关者的利益往往存在冲突和矛盾。高等教育机构需要在尊重和满足各方利益的基础上，制定科学合理的管理策略和方案，平衡各方利益，实现高等教育的可持续发展。

（三）政策环境复杂

高等教育管理受政策环境的影响较大，政策的变化和调整会对高等教育机构的运行产生影响，这也是高等教育管理的复杂性特征之一。在不同的政策环境下，高等教育机构需要及时调整管理策略和运营模式，以适应新的政策要求和市场需求。

1. 高等教育机构的复杂性

高等教育机构由多个部门和单位组成，它们之间存在着复杂的关系，协调机制也具有复杂性。

2. 高等教育管理目标的复杂性

高等教育管理既要保证教学质量，又要提高科研水平和服务质量等多个方面的目标，这些目标之间存在着复杂的相互关系。

3. 高等教育管理环境的复杂性

高等教育管理涉及的环境包括社会、政治、文化等多个方面，环境的变化与影响对高等教育的管理和发展产生着复杂的影响。

三、开放性

高等教育管理的开放性是指高等教育机构与内部和外部环境之间的相互影响和相互作用。在当今全球化的背景下，高等教育管理的开放性日益凸显。高等教育机构面临着来自国内外各方面的压力和挑战，需要通过开放性的管理以更好地适应和应对这些变化。高等教育管理的开放性具有以下特点：

（一）国际化

高等教育机构与国际社会的联系越来越紧密，会面对来自不同文化、不同背景的学生和教师，需要借助全球化的资源和合作平台来提高教育质量和提升国际声誉。

1. 国际化人才培养模式

随着经济全球化和文化多元化的发展，高等教育机构越来越注重培养具有国际视野和跨文化交流能力的人才。在国际化人才培养方面，高等教育管理的国际化特征表现为：

课程设置的国际化。开设国际化课程、跨学科课程和语言培训课程，以满足学生的多元需求，提高学生的国际竞争力。

教学模式的国际化。采用国际化教学模式，如小班教学、问题导向学习、案例教学等，培养学生的创新精神和实践能力。

交换生计划的开展。开展交换生计划，为学生提供国际化交流和学习机会，增强学生跨文化交流能力，拓宽学生的国际视野。

2. 国际化师资队伍建设

高等教育机构的国际化师资队伍建设是实现国际化教育目标的重要保障。在国际化师资队伍建设方面，高等教育管理的国际化特征表现为：

引进海外高水平教师。通过引进海外高水平教师，提高教师队伍的国际化水平，加强国际化教学和研究。

培养本土国际化教师。通过开展国际化教师培训项目和国际教学交流，拓宽本土教师的国际化视野，提升其跨文化交流能力，培养国际化教学人才。

国际化教师管理。加强国际化教师的管理和服务，为教师提供良好的工作和生活环境，提高教师的满意度和凝聚力。

3. 国际化合作与交流

高等教育机构的国际化合作与交流是高等教育管理国际化的重要特征之一。它指的是高等教育机构与国内外其他高等教育机构、企业、政府、非政府组织等机构和组织之间开展的各种合作和交流活动，包括学术交流、人才培养、科研合作、文化交流等多个方面。

（1）学术交流。高等教育机构通过与国内外其他高等教育机构的学者、教师进行交流、合作，共同研究、探讨学术问题，促进学术进步和提升教学质量。学术交流的方式包括学术研讨会、学术讲座、学术论文合作撰写、联合研究项目等。

（2）人才培养。高等教育机构通过与国内外其他高等教育机构的教育资源共享、学生互换等方式，拓宽学生的视野，提高学生的国际化素养和竞争力。此外，高等教育机构也通过与企业、政府等机构合作开设实践课程、提供实习机会等方式，为学生提供更加丰富的实践经验和职业发展机会。

（3）科研合作。高等教育机构通过与国内外其他高等教育机构、研究机构等合作开展科学研究，分享研究成果和经验，提升科研水平和国际声誉。科研合作的方式包括联合研究项目、科研论文合作撰写、科研人员互换等。

（4）文化交流。高等教育机构通过与国内外其他高等教育机构、文化机构、艺术团体等开展文化交流活动，分享文化成果和经验，加深了解和友谊。文化交流的方式包括艺术表演、文化展览、文化讲座、学术研讨会等。这些活动可以促进跨文化交流和理解，提高学生和教职员工的国际视野和文化素养。

在文化交流方面，高等教育机构可以与国外的文化机构、博物馆、艺术学院等进行合作，开展文化展览、文化讲座等活动，从而让学生和教职员工更深入地了解国外文化的特点和精髓。此外，高等教育机构也可以通过组织海外交流项目、提供出国留学机会等方式，让学生和教职员工有机会深入了解和体验不同文化的生活和学习方式，从而拓宽他们的国际视野、提高他们的文化素养。

（二）多元化

高等教育的多元化是指在不同的国家和地区，高等教育系统所采用的教育模式、课程设置、教学方法、学生招收标准等存在差异，这种差异既反映了不同国家和地区的文化、社会、经济背景，也反映了高等教育的发展历程和特点。高等教育的多元化体现在以下几个方面：

1. 教育模式的多元化

不同国家和地区的高等教育机构采用不同的教育模式，如美国的大学教育模式、欧洲的大学和研究机构模式、日本的综合大学模式、中国的大学和学院模式等。这些教育模式各有特点，适应不同国家和地区的教育需求和发展方向。

2. 课程设置的多元化

不同国家和地区的高等教育机构的课程设置也存在差异，如欧美国家注重基础课程和通识教育，亚洲国家则注重专业课程和实践教育。此外，不同学科领域的课程设置也有所不同，如工程类专业的课程设置更注重实践和应用，而人文社会科学类专业的课程更注重理论和文化背景。

3. 教学方法的多元化

高等教育的教学方法也存在差异，不同的国家和地区采用的教学方法和教学手段也不尽相同。例如，欧美国家注重小班教学和互动式教学，而中国和日本更注重大班教学和授课式教学。同时，网络教学、远程教育、自主学习等教学方式也逐渐得到推广和应用。

4. 学生招收标准的多元化

不同国家和地区的高等教育机构对学生的招收标准也有所不同，如美国的大学通常采用综合评价制度，考虑学生的综合素质和个人特点，而中国的高校主要依据高考成绩和学科成绩进行录取。此外，不同的国家和地区也存在着针对特定人群的招生政策和计划，如欧洲的奖学金计划和留学生招生计划等。

（三）联合化

高等教育机构需要与政府、企业、社会组织等外部组织进行合作，共同开展教学、科研和社会服务等活动，以提高综合实力和社会影响力。联合化可以通过以下几种形式实现：

联合办学。不同高等教育机构联合开设课程、专业、学位等教育项目，共享师资、教学资源和管理经验。

联合科研。不同高等教育机构联合开展科研项目、课题及共建实验室等，共享科研资源、技术和经验。

联合评估。不同高等教育机构联合开展教学质量评估、科研评估、学科评估等，共同提高教学质量和科研水平。

联合招生。不同高等教育机构联合招生，共同招收和培养优秀学生，实现学生资源的共享和优化配置。

联合培训。不同高等教育机构联合开展师资培训、管理培训、学生素质教育等，共同提高教师和学生的综合素质与能力。

通过高等教育的联合化，不仅能够实现资源的优化配置和协同发展，同时还能够促进高等教育的国际化和多元化发展，提高高等教育的竞争力和影响力。

（四）信息化

高等教育的信息化是指将现代信息技术应用于高等教育的各个领域，从而实现高等教育信息化的教学、科研、管理、服务等各个方面的目标。随着信息技术的不断发展，高等教育的信息化程度也越来越高，信息化已经成为高等教育发展的必然趋势。高等教育的信息化主要表现在以下几个方面：

1. 教学信息化

高等教育的信息化使教学变得更加灵活、高效和智能化。教学信息化包括多媒体教学、网络教学、远程教育、虚拟实验室等。通过教学信息化可以实现教学资源的共享、教学管理的智能化、教学过程的可视化等。

2. 科研信息化

高等教育的信息化可以提高科研的效率和质量。科研信息化包括科研资源共享、科研信息管理、科研数据处理等。通过科研信息化，可以加强学术交流、提高科研成果的转化效率，促进学术研究的创新和发展。

3. 管理信息化

高等教育的信息化可以提高管理效率和管理水平。管理信息化包括学生管理、教职员工管理、财务管理、教学评估等。通过管理信息化，可以实现信息资源共享、决策智能化、管理过程可视化等。

4. 服务信息化

高等教育的信息化可以提高服务质量和服务水平。服务信息化包括图书馆信息化、校园卡服务、学生就业服务等。通过服务信息化可以实现服务资源共享、服务质量可视化、服务效率提高等。

四、前瞻性

高等教育管理作为一项关乎国家发展和人才培养的战略性任务，必须具备前瞻性。前瞻性是指管理者需要具有预见未来发展趋势和变化的能力，及时调整管理策略和方法，为高等教育的可持续发展提供坚实支撑。以下从三个方面详细介绍高等教育管理需要具备前瞻性的内容。

（一）前瞻性的市场调研和战略规划

高等教育管理需要具备前瞻性的市场调研和战略规划能力。随着国内外经济、文化和科技的快速发展，高等教育市场变化也日新月异，高等教育机构必须及时了解市场需求和趋势，制定相应的战略规划。管理者需要通过市场调研和分析，预见未来高等教育的需求和发展方向，确定高等教育机构的发展方向和目标，制定相应的战略规划，实现高等教育的可持续发展。

（二）前瞻性的教育教学模式创新

高等教育管理需要具备前瞻性的教育教学模式创新能力。随着信息技术的发展和社会的变革，高等教育教学模式也必须不断创新。管理者需要通过研究前沿的教育教学理论和方法，预见未来高等教育的发展方向和趋势，结合高等教育机构的特点和实际情况，推动教育教学模式的创新和改革。管理者还需要关注学生的学习方式和需求，根据学生的特点和学科特点，设计符合实际需要的教育教学模式，提高教学质量和效果，以满足学生的学习需求和发展要求。

（三）前瞻性的科学研究和人才培养

高等教育管理需要具备前瞻性的科学研究和人才培养能力。高等教育机构作为国家科研和人才培养的重要基地，必须具备前瞻性的科学研究和人才培养能力。管理者需要预见未来国家和社会的发展需求和趋势，积极引导和支持高等教育机构的科学研究和人才培养，以适应未来发展的要求。

1. 前瞻性的科学研究

高等教育机构需要关注和参与未来的科学研究方向和重点领域，积极开展基础研究和前沿探索，推动科技创新和产业发展。管理者需要加强对未来科学技术发展趋势的研究和分析，提前规划和布局未来科研方向和研究领域，引导科学家深入探索前沿科技，创造新的科学成果。

2. 前瞻性的人才培养

高等教育机构需要注重培养未来社会所需的高层次、复合型人才。管理者需要关注未来社会的发展趋势和需求，调整人才培养方向和模式，注重对学生综合素质的培养和创新能力的提升。同时，管理者还需要积极引导和支持学生参与实践和创新活动，培养学生的实践能力和创新意识，为未来的科技创新和社会发展做好准备。

（四）前瞻性的资源配置和管理策略

1. 前瞻性的资源配置

高等教育管理需要具备前瞻性的资源配置能力。资源包括人力、物力和财力等方面。管理者需要考虑未来高等教育机构的需求和发展方向，根据未来的趋势和要求，合理规划和配置资源，为未来的发展做好准备。

2. 前瞻性的管理策略

高等教育管理需要具备前瞻性的管理策略，即合理规划和制定管理策略，预测未来的变化和趋势，为未来的发展做好准备。管理者需要根据未来的趋势和需求，制定相应的管理策略，包括组织结构的调整、流程优化、信息化管理、人才引进和培养等方面，以应对和迎接未来的挑战和机遇。

第三节　高等教育管理的现状

高等教育管理作为高等教育的重要组成部分，对于高等教育的发展具有至关重要的影响。目前，全球高等教育管理面临着许多挑战和机遇，具体表现为以下几个方面：

一、快速发展的高等教育体系

随着全球高等教育的迅猛发展，高等教育管理也面临着新的挑战和机遇。在全球范围内，高等教育的规模不断扩大，专业设置越来越丰富，高等教育的类型也更加多样化。这些变化使高等教育管理面临着更为复杂的管理问题，需要更加精细化、多元化的管理策略。

（一）高等教育的规模不断扩大

高等教育的规模不断扩大是当前高等教育快速发展的一大特点。随着人口的增加和城市化进程的推进，越来越多的学生进入高等教育阶段。同时，高等教育的普及率也在不断提高，许多国家的高等教育已经实现了全民普及。例如，中国在过去几十年里已经从高等教育水平相对较低的国家，逐渐转变成高等教育大国，高等教育毛入学率已经超过了全球平均水平。高等教育规模的扩大不仅对高等教育本身的发展提出了新的要求，也给高等教育管理和教学创新提出了更高的要求。

（二）高等教育的多元化发展

随着社会需求的不断变化和学生需求的多元化，高等教育的多元化发展已成为当前高等教育快速发展的又一特点。除传统的大学本科教育，高等职业教育、短期职业培训、继续教育等新兴教育形式也得到了广泛的发展。这些新兴教育形式不仅满足了不同学生的不同需求，也为高等教育的未来发展提供了更多的可能性。多元化的高等教育形式也给高等教育管理和教学创新提出了新的要求，需要更加灵活和开放的管理和教学模式。

（三）高等教育的国际化发展

高等教育的国际化发展是当前高等教育快速发展的重要方向之一。随着全球化的发展和国际交流的加强，越来越多的学生和教师参与到国际化的高等教育中。高等教育机构之间的国际化合作和交流也得到了广泛的发展。例如，世界著名的大学排名机构 QS、THE（Times Higher Education）、ARWU（Academic Ranking of World Universities）等，成为全球高等教育发展趋势和质量评价的重要参考。高等教育国际化的发展趋势主要表现在以下几个方面：

1. 跨国办学

随着全球化的发展和国际交流的加强，越来越多的高等教育机构开始在不同国家和地区开设分校或开展合作办学项目。这种跨国办学的形式，不仅可以帮助高等教育机构拓展全球市场，提高知名度和影响力，而且能为学生提供更多的留学机会，拓宽学生的国际视野和交流平台。

2. 国际化课程设置

为了满足学生对国际化教育的需求，越来越多的高等教育机构开始开设国际化课程，包括国际课程、双学位课程、联合培养项目等。这些课程的设置，不仅能够吸引更多的国际学生前来就读，还能提高本土学生的国际视野和外语水平，有助于培养具备全球竞争力的高素质人才。

3. 国际化教学和研究团队建设

国际化教学和研究团队建设是高等教育国际化的重要方面。高等教育机构通过招聘和引进国际化教学和研究人才，加强国际化教育和研究团队建设。这些团队的建设，不仅可以提高高等教育机构的教学和研究水平，还可以吸引更多的国际学生和学者前来交流和合作。

4. 国际化学术交流

国际化学术交流是高等教育国际化发展的重要体现。高等教育机构通过国际学术会议、交流访问等形式，促进国际化学术交流和合作。这些学术交流活动的开展，不仅能够促进不同国家和地区高等教育机构之间的交流和合作，还可以推动全球高等教育的创新和发展。

二、多元化的高等教育机构

高等教育机构的多元化是指机构类型、规模、层次、课程设置、教育形式、管理模式等多种方面的多元性。随着社会经济的发展和教育需求的多样化，高等教育机构的多元化程度越来越高，多种类型的高等教育机构同时存在，包括综合性大学、理工类大学、师范类大学、财经类大学、医科类大学、艺术类大学、职业技术学院等。高等教育机构的多元化主要体现在以下几个方面：

（一）机构类型的多元化

不同的高等教育机构类型有着不同的办学特点和教育目标，例如，综合性大学强调全面发展和人才培养，而职业技术学院注重职业技能培训和实践能力的提升。

（二）机构规模的多元化

高等教育机构的规模也非常多样化，既有小型的私立学院，也有大型的综合性大学，规模大小的不同也导致了办学理念、课程设置和教学质量的不同。

（三）课程设置的多元化

随着社会需求的变化，高等教育机构的课程设置也越来越多样化，涵盖了从自然科学到社会科学、从传统学科到前沿领域的多个方面。

（四）教育形式的多元化

传统的高等教育主要以课堂教学为主，但随着信息技术的发展，高等教育的教育形式也越来越多样化，如远程教育、网络教育等，这些新的教育形式为不同背景的学生提供了更加便利的学习方式。

（五）管理模式的多元化

高等教育机构的管理模式也越来越多元化，从传统的学院制、系所制，到现代的职能制、项目制等多种管理模式共存。不同的管理模式也反映了高等教育机构的办学理念和管理能力的不同。

三、新的技术和工具的应用

随着对信息技术、大数据分析等新技术的应用，高等教育管理的方式和手段也发生了很大的变化。这些新技术和工具的应用不仅可以提高高等教育管理的效率和效果，还可以为高等教育管理者提供更多的数据支持和决策依据。但是，这些新技术和工具的应用也带来了新的管理问题和挑战，需要高等教育管理者及时应对。下面是一些新技术和工具的具体应用：

（一）虚拟现实技术和增强现实技术

虚拟现实（VR）技术和增强现实（AR）技术被广泛应用于高等教育的教学中，通过虚拟现实的模拟环境和增强现实的实时信息展示，帮助学生更好地理解和掌握知识。

在高等教育中，VR技术和AR技术可以应用于多个方面。首先，应用于课程的教学和学习。通过VR技术，学生可以在不同的场景中进行学习，如可以通过 VR 技术实现仿真操作，提高实验操作的效率和安全性；而 AR 技术可以将虚拟的图像和信息叠加到现实环境中，使学生能更加直观地了解所学知识。其次，应用于学生的实践和实习。通过 VR 技术，学生可以进行虚拟实习，以提高实践能力；而 AR 技术可以在实习场景中叠加虚拟的信息，使学生可以更加深入地理解实践内容。最后，应用于学生的评估和考核。通过 VR 技术，对学生可以进行虚拟考核，提高评估的准确性和效率；而 AR 技术可以在现实考核场景中叠加虚拟的信息，使评估更加科学和全面。

除在教学和学习方面的应用，VR 技术和 AR 技术还可以应用于高等教育的其他方面，如校园建设和管理、科研创新等方面。在校园建设和管理方面，学校可以利用 VR 技术建立虚拟校园，让学生和教师更好地了解校园环境与建筑结构；而 AR 技术可以应用于校园导航和定位等方面，提高校园管理效率。在科研创新方面，可以通过 VR 技术模拟实验环境，让学生在安全、可控的环境下进行实验，提高实验效率和安全性；将抽象的概念通过 VR 技术可视化展示出来，帮助学生更好地理解和掌握相关知识。此外，VR 技术和 AR 技术还可以应用于艺术和文化领域，如通过 VR 技术创作艺术作品、展示文化遗产等。

总之，VR 技术和 AR 技术在高等教育中的应用前景广阔，它们可以为高等教育带来更丰富的教学资源、更高效的教学方式、更便利的校园管理方式、更安全的科研创新环境等，有望推动高等教育向数字化、智能化、创新化的方向发展。

（二）智能教学平台

高等教育机构越来越倾向于使用智能教学平台，将教学和学习资源进行整合和管理。这些平台具有在线交互、自动化评估和个性化学习等功能，可以更好地满足学生的需求。

1. 智能教学平台的功能

智能教学平台具有多种功能，包括课程管理、学习管理、教学资源管理、教学评价、教学分析和数据挖掘等。其中，课程管理功能主要包括教师上传课件和课程安排等；学习管理功能包括学生选课、在线学习、考试和作业管理等；教学资源管理功能可以帮助教师管理和共享教学资源；教学评价功能可以帮助教师进行课程和学生评价；教学分析和数据挖掘功能可以帮助教师进行教学效果分析和改进。

2. 智能教学平台的应用

（1）课程设计与管理。智能教学平台可以支持教师进行课程设计和管理。教师可以通过平台上传课件、安排课程表、管理作业和考试等。同时，学生也可以通过平台进行选课、查看课程信息和完成作业等。

（2）在线学习。智能教学平台可以为学生提供在线学习服务，学生可以通过平台在线观看课程视频、参加在线讨论、提交作业和参加考试等。通过在线学习，学生可以更为方便地学习和掌握知识。

（3）教学资源管理和共享。智能教学平台可以帮助教师管理和共享教学资源，包括课件、试卷、习题等。教师可以将自己的教学资源上传到平台，也可以查看其他教师上传的教学资源。通过资源共享，可以提高教师的教学效率和质量。

（4）教学评价和反馈。学生可以通过智能教学平台进行匿名评价，提供对课程和教师的反馈意见，教师可以根据学生的评价进行课程和教学的改进，从而促进教学质量的提升。同时，智能教学平台还可以分析学生的评价和反馈，提供有针对性的建议和指导，帮助教师更好地了解学生的学习需求和反馈，进一步优化教学策略和方法。

（5）学生成绩管理和分析。智能教学平台可以方便地管理学生成绩信息，并提供多种数据分析和报告，帮助教师和学生更好地了解成绩情况，及时发现问题并进行改进。同时，学生成绩管理和分析可以帮助学校和教师进行评估和评价，为教学质量的提升提供数据支持。

（6）学生管理和服务。智能教学平台可以方便地管理学生信息和服务，如学生选课、课程表、作业提交、考试报名等，为学生提供更加便捷和高效的服务。此外，智能教学平台还可以提供在线辅导和学生咨询服务，帮助学生更好地解决学习和生活中的问题。

（7）教师发展和培训。智能教学平台可以为教师提供教学资源和教学培训服务，帮助教师更好地了解和掌握教学方法和技能。通过学习智能教学平台提供的教学培训和资源，教师可以不断提升教学能力和水平，从而更好地适应教学发展的需要。

智能教学平台作为一种新型的教育技术应用工具，将深刻影响高等教育的教学模式、教学内容、教学评价和教学服务等方面，成为高等教育信息化发展的重要推手。然而，在智能教学平台应用的过程中，需要注意保护数据隐私、技术安全等问题，同时需要全面评估教学效果和社会影响，不断改进和完善智能教学平台的功能和应用，以推动高等教育更好地适应时代发展和教育创新的需要。

（三）大数据分析技术

高等教育机构利用大数据分析技术，对学生的学习情况、教学质量、教学资源等进行深入的分析，从而实现教学管理的精细化和个性化。随着大数据分析技术的不断发展，教育领域也开始广泛应用大数据分析技术进行教学和学习的分析。智能教学平台可以收集学生在平台上的学习数据，如在线学习时间、浏览课件的时间和次数、提交作业的时间和质量等，然后通过大数据分析技术进行数据挖掘和分析，从而获得对学生学习行为与学习效果的深入了解。

通过分析学生的学习数据，教师可以了解学生在学习中遇到的瓶颈和难点，及时进行个性化的教学帮助；同时，教师也可以根据学生的学习数据进行课程和教学内容的改进和调整，提高教学效果。另外，大数据分析技术还可以为高等教育机构提供全面的教学评估和质量监控，帮助高等教育机构制定更加科学和有效的教育方案和目标。

（四）人工智能技术

人工智能(AI)技术被应用于高等教育机构的多个领域，如教学、学生服务和校园管理等。例如，AI技术可以为学生提供更精准的选课建议、智能化的作业评估和个性化的学习方案等。

首先，AI技术可以应用于学生的学习过程中。例如，AI技术可以为学生提供个性化的学习建议和推荐，根据学生的学习数据和习惯推荐适合的学习资源和方式。同时，AI技术还可以通过分析学生的学习数据，预测学生的学习成绩和学习困难点，以便教师和学生及时调整教学和学习策略。

其次，AI技术可以应用于教学过程中。例如，AI技术具备自动评分和反馈功能，能够减轻教师评分负担，提高评分的客观性和准确性。同时，AI技术还可以辅助教师进行课程内容和教学方式的优化和改进，提高教学质量和效果。

最后，AI技术可以应用于高等教育机构的管理中。例如，AI技术可以帮助高校进行招生和留存预测，为高校招生和留存决策提供科学依据。同时，AI技术还可以帮助高校进行课程和教师评估，提高教学质量和教师的教学水平。

AI技术在高等教育中具有广泛的应用前景，可以提高学习、教学和管理的效率和质量，为高等教育的发展带来新的机遇和挑战。

（五）移动应用程序

随着移动互联网的普及，高等教育机构也开始大力推广和应用移动应用程序。移动应用程序也是智能教学平台的一个重要组成部分。通过移动应用程序，学生可以随时随地访问和获取学习资源，包括课件、教材、视频、题库等；查看课程表和成绩等信息；也可以提交作业、参加在线测试、进行互动交流等。教师可以利用移动应用程序随时随地查看学生的学习情况，进行在线答疑、布置作业等。移动应用程序还可作为教师和学生的通信工具，方便双方进行沟通和交流。总之，移动应用程序的应用为智能教学平台的发展带来了更加广阔的空间，提高了教学效率和学习体验。

四、全球化和国际化的趋势

全球化和国际化是当前世界发展的两种趋势。全球化强调经济、文化、技术等方面的联系和互动，使各国的交流和互动更加紧密；国际化则更加强调国家间的交流和合作，重点关注教育、科技、文化等方面的交流和合作。这两种趋势相辅相成，共同推动着世界发展的步伐。

在高等教育领域，全球化和国际化的趋势也是不可逆转的。随着全球化和国际化的发展，越来越多的学生和教师参与国际化的高等教育。高等教育机构之间的国际化合作和交流也得到了广泛的发展。这些国际化的活动，包括但不限于教育、科技、文化、艺术等方面的交流，为高等教育的发展提供了新的机遇和挑战。

在全球化和国际化的趋势下，高等教育机构需要更加注重跨文化沟通和交流，增强各国之间的相互了解与信任。同时，高等教育机构还需要关注国际化人才培养的需求和趋势，为学生提供更加国际化的教育与培养，让他们具备更强的跨国和跨文化交流的能力，为全球化和国际化的发展做出更大的贡献。

总之，全球化和国际化的趋势是不可逆转的，高等教育机构必须紧跟时代的步伐，加强国际化合作和交流，为学生提供更加国际化的教育与培养，以适应全球化和国际化的发展趋势。

第三章 / 高等教育
管理的实施

第一节 高等教育管理的现代化路径

高等教育管理的现代化路径主要是指如何实现高等教育管理现代化的过程和方式。当前，在高等教育快速发展和全球化的背景下，高等教育管理现代化已经成为高等教育改革和发展的重要方向。现代化的高等教育管理需要实现的核心目标是提高教育质量、提高管理效率、提高服务质量、创新教育理念、加强国际化合作与交流等。本节将围绕这些目标，探讨高等教育管理的现代化路径。

一、优化管理结构

高等教育管理现代化需要从管理结构入手，通过优化管理结构，实现管理效率和服务质量的提高。以下是改进高等教育管理结构的措施和建议：

（一）强化内部管理和监督

强化内部管理和监督是优化高等教育管理体制的重要方面。内部管理和监督是指在高等教育机构内部建立科学、完善的管理制度和监督机制，以保证高等教育机构的正常运转和发展。

1. 建立科学的内部管理制度

高等教育机构需要建立科学的内部管理制度，包括教学管理、科研管理、财务管理、人力资源管理等方面的制度。教学管理制度应包括课程设置、教学计划、教学评价等内容，确保教学质量和效果。科研管理制度应包括科研项目的申报、执行、验收等环节，确保科研成果的规范和有效。财务管理制度应包括预算编制、资金管理、审计监督等内容，确保财务收支的透明和规范。人力资源管理制度应包括招聘、聘任、培训、评价等方面的制度，确保人员管理的公平与科学。

建立科学的内部管理制度需要考虑高等教育机构的特点和需求，结合实际情况制定合理的制度，同时要加强制度的宣传和培训，确保制度的落实和执行。

2. 建立有效的内部监督机制

建立有效的内部监督机制是强化高等教育机构内部管理和监督的重要手段。内部监督机制包括内部审计、内部控制、内部评估等内容。

内部审计是指对高等教育机构的财务、行政、人力资源等方面的管理情况进行审查和评估，及时发现问题和风险，提出改进意见和建议，确保高等教育机构的规范运作。

内部控制是指建立高等教育机构内部控制制度，防止财务、行政、人力资源等方面的违规行为和损失，保障高等教育机构的资产安全和合法权益。

内部评估是指对高等教育机构的教学、科研、管理等方面进行自我评估和监督，发现问题和不足，提出改进方案和建议，推动高等教育机构不断提高教育质量和效果。

建立有效的内部监督机制需要从以下几个方面入手：

（1）制定规章制度。高等教育管理机构应当制定完善的规章制度，明确各部门和职责的权限和责任，规范内部管理和监督流程。

（2）加强内部培训。高等教育管理机构应当加强内部培训，提高管理人员的业务水平和职业素养，提高内部管理和监督的质量和效率。

（3）建立内部审计机构。高等教育管理机构可以建立内部审计机构，对内部管理和监督工作进行审计，发现问题及时进行纠正和改进。

（4）强化问责机制。高等教育管理机构应当建立健全问责机制，对内部管理和监督工作的执行情况进行监督和评估，对不合格的管理人员及时进行问责与处理。

建立有效的内部监督机制是优化高等教育管理体制的重要内容，必须从规章制度、内部培训、内部审计、信息化建设和问责机制等方面进行全面加强和优化。

（二）提高高等教育管理的透明度和公开性

高等教育管理的透明度和公开性是指构建一个开放、透明、公正的管理体系，通过公开透明的信息和决策过程，保证高等教育机构的公正性和公信力。这不仅有助于提高教育质量和管理水平，而且有助于增强公众对高等教育机构的信任和支持，推进高等教育事业的可持续发展。因此，提高高等教育管理的透明度和公开性是优化高等教育管理体制的重要目标。

1. 透明度的重要性

高等教育机构的透明度是指其管理行为和决策过程的公开透明程度，包括政策制定、资源分配、管理机制、行政决策、财务报告等方面。高等教育机构的透明度与其信誉、声誉、形象等紧密相关，对其可持续发展具有重要影响。高等教育机构的透明度具有以下重要性：

（1）增强公信力和信任。高等教育机构的透明度可以增强公众对其的信任和支持，建立起机构和公众之间的互信关系。公开透明的决策过程和管理行为可以帮助公众了解高等教育机构的真实情况，减少信息的不对称和公众的误解，从而建立起公众对高等教育机构的信任和支持。

（2）提高管理效率和质量。高等教育机构的透明度可以提高其管理效率和质量。公开透明的决策过程可以有效减少不必要的时间和成本浪费，避免不必要的决策错误和管理失误。同时，公众的监督和反馈还可以促进高等教育机构及时纠正错误和改进管理，提高管理水平和质量。

（3）推进创新发展。高等教育机构的透明度可以推进创新发展。公开透明的管理信息可以为外部机构和公众提供创新及合作的机会，促进跨领域、跨机构的合作和创新。同时，公开透明的决策过程也有助于机构内部的创新和改革，激发教职员工的创新潜能。

2. 公开性的重要性

高等教育机构的公开性是指其信息和资料的公开程度，包括课程设置、教学质量、招生录取、学费收费等方面的信息。提高高等教育机构的公开性具有以下重要性：

（1）促进高等教育的发展。高等教育机构公开信息，能够促进社会各界对高等教育的了解和认识，提高社会对高等教育的信任度，从而吸引更多的学生和资金投入高等教育领域中，促进高等教育的发展。

（2）增加高等教育的透明度。高等教育机构公开信息，能够让学生和家长更好地了解学校的情况，包括课程设置、教学质量、招生录取、学费收费等方面的信息，增加高等教育的透明度，从而提高教育的公平性和公正性。

（3）促进高等教育机构的自我完善。高等教育机构公开信息，能够让学校了解社会的期望和需求，从而更好地进行自我评估和改进，提高教学质量和管理水平。

（4）增加高等教育机构的社会责任感。高等教育机构公开信息，能够让社会更好地了解学校的社会责任和贡献，从而增强高等教育机构的社会责任感，促使高等教育机构更好地履行社会责任。

二、创新教育模式

高等教育管理现代化需要实现教育模式的创新，以提高教育质量和服务水平。

（一）实现教育资源的开放共享

高校实践教育是高等教育的重要组成部分。随着互联网等教育手段的多样化发展，多样化的实践教育为毕业生提供了演练的机会和场所，提高了毕业生的实践能力、思维创新能力，以适应社会的激烈竞争，为毕业生进入社会做好准备，对提高毕业生的综合素质具有重要意义。实践训练基地和企业也是大学生实践的基地，高校每年投入大量经费购买仪器设备等硬件设施，为实践教育资源建设提供物质保障，保证实践教学能顺利有序开展。因此，在高等教育中，实践教育资源建设对教学具有重要作用；而实践教育资源的开放共享对于提高资源的利用率具有重要影响。

传统实践教育资源往往是高校自己建设和封闭式使用的模式，缺少分享，导致信息不流通。这种实践教育资源建设模式已经跟不上现代化教育实践的发展步伐。为了更充分地利用实践教育资源，提高利用率，应更高效地建设多样化、现代化的实践教育资源，并促进其开放共享。实践教育资源的多样化建设是与国际接轨的手段，实现资源开放共享是适应现代教育的捷径，最终促进实践教育事业快速发展，也促进高校之间的交流。

1. 高校实践教育资源建设以及共享过程中存在的问题

近年来，伴随现代化实践教育的发展，我国实践教育资源建设已经取得了很大成就，获得长足发展，但是缺乏有效的资源开放共享机制，优质实践教育资源较为缺乏。因此，符合现代大学生需求的实践教育资源建设是当务之急。尽管相关教育部门在高校实践教育资源建设方面投入较大，但产出较小，亟须建立高效的管理与监督机制。

教育资源建设日益受到重视，传统的实践教育资源建设往往以具体的单个高校为主，是小型的、分散的，并且独立性比较强，存在重复建设的问题。这一方面造成了资源的浪费；另一方面需要使用的学院又得不到及时满足，导致出现供求矛盾。在该矛盾中，沟通和共享意识的缺乏是根本，忽略了共享的重要性和长远性，因而存在实践教育资源利用率较低的问题。当然，一些高校已经意识到这个问题，一直在寻找共享的机制和途径。

实践教育资源的使用主要集中在课程实验和毕业实习，而其他时间基本处于闲置状态，不能得到充分利用，缺少建设规划。诸多的实验室建设功能比较单一，也主要是针对课程实验和毕业实习的，缺乏针对不同学生技能提高的规划，学生的能力不能得到充分提高；实验技术人员在一定程度上不够稳定，缺乏专业的实践教师，大部分由任课教师代替，有时由对仪器不了解的一般管理人员代替，导致仪器使用不当，缺乏维护，甚至被长期闲置。

2. 实践教育资源建设探索

如何充分利用实践教育资源，避免重复建设，推进个性化、多样化的实践教育资源建设与开放共享，是高校实践教育资源建设和共享过程中遇到的共同问题。原有的各自建设的理念和自给自足的利用方式无法适应快速发展的现代化教育的需求，在实践教育资源建设中必须充分利用和整合已有的资源，合理有序地推进共享，这是高校实践教育的发展方向和出路。高校在实践教育、资源共享等方面形成多方位的研究成果，并对实践教育资源的开放共享产生深刻影响，为其以后的开放共享机制的形成提供了前提条件。

实践教育资源建设是一个复杂的系统工程，需要合理地规划和协调各个系统要素。首先，建设实践教育资源的网络化组成部分，包括建设者(高校系统)、管理者(高校实践管理教师)、使用者(高校毕业生)；其次，实践教育资源的合理有序建设，是开放共享的基础与前提。实践教育资源建设在硬件方面主要包括实践基地、校内实验室等基础设施以及相关教育装备(如实验仪器、计算机与网络硬件)，不仅需要大量资金，还需要合理规划；在软件方面主要包括实践教育资源建设管理办法、开放共享系统及管理岗位教师培训。现代大学生不仅需要知识的灌输，更需要方法的传授。在实践过程中，教师是最重要的环节，因此，高校要大力引进人才。为了实现实践教育的快速发展，首先要实现教师队伍的建设与优化。

3. 实践教育资源的开放共享

促进实践教育资源建设与开放共享，应共建实践教育资源，协商开放共享，避免重复购买高端仪器，稳定实践教育资源和教材内容，防止教材内容经常变化而导致实践教育资源不能重复利用和共享。促进实践教育资源的合理使用，最主要的是实现共享。

实践教育资源的网络共享是目前的发展方向，网络教育的普及对实践教育资源开放共享提出要求：应将实践教育资源网络化和教育基地相结合，同时带动教学方法、教学理念和教学模式的改革。现在比较主流的网络实践教育资源有网络模拟实验室、仿真实验室，都具有身临其境的效果。

为实现网络实践教育资源共享，首先需要做的最基本的硬件建设除基本网络外，就是网络共享教材建设，这也是实践教育的理论依据和指导思想。其次是实践教育资源的软件共享，解决学生遇到的问题，毕竟在网络实践教育资源开放的过程中会有很多学生遇到自己不懂或者不能解决的问题。这就需要师生实时互动，然而受网速或者时空限制，存在互动体验不佳或者不能够正常进行的情况，这是最重要也是最难解决的问题，也是为什么实践教育资源在开放共享过程中受到各种阻力的原因所在。随着技术的发展，开放共享是必然趋势，在不久的未来上述问题将会得到很好的解决，实现资源利用的最大化。

网络实践教学是实践教育资源中的虚拟部分，现实的实践教育资源的开放共享主要包括校内实验室和校企实践基地。校内实验室和校企实践基地的开放共享，一是要解决资源短缺的问题，二是要充分利用现有资源，大力提高设备利用率。实践教育资源开放共享的核心是实现现有资源的开放共享，主要归结为在现有资源的基础上，不断创新实践教学，互相学习，提高利用率，同时培养新型的实践指导人员和提高教师的实践水平；进行多样化管理，使学生的实践机会不断增多，而不是仅仅局限于实验课程或者毕业实践。在实践教育资源开放共享的过程中以学生为中心，学校提供服务，真正做到学生亲自实践，从而提升学生的协同意识、团队精神和创新意识，而不仅仅是模拟或者演示。

为保障实践教育资源开放共享的有序进行，应建立实践教育资源的开放共享和互动监控预警机制，保证实践教育资源的正常运行，并及时监控实践进度和质量，形成"建设—开放共享—应用—反馈—建设"的循环机制，从而保障实践教育资源的有序建设和高效开放共享。在保证实践教育资源开放利用的同时，建立配套的激励和惩罚机制，完善实践教育资源的开放共享机制。如在实践过程中引入考核机制和进退机制，对于表现不佳的学生及违反规则的共享教师提出警告，如果限期不能改正，限制学生实践的开放程度和教师的指导资格；对于考核不通过的其他共享单位和个人，取消其资源共享的资格，且申请人在若干年内不得再次申请共享资格。

在实践教育资源建设与开放共享的同时应建立合理的授权机制和方法，维护好自身权益，防止出现侵权行为和无政府状态；既要资源共享，又要在非商业条件下使用、建设、共享。如本校资源本校教师优先，教师的版权受保护，且可享有一定的物质奖励。实践教育资源建设与开放共享过程包括实践教育资源建设规划、软件和硬件建设、不同单位开放共享、共享过程中的问题反馈、建设规划的进一步修正。

4. 实践教育资源建设与开放共享的意义

实践教育资源的建设与开放共享是现代高等教育的重要特点和现实需要，是高等院校在教学质量方面的重要体现和指标。线上线下开放式实践教育资源建设的宗旨是将高等教育的受益者即毕业生作为服务主体，实现平等教育和优化实践教育资源开放共享，建设切实可行的实践教育共享平台，推动现代化实践教育资源的开放共享，进而促进教学改革。

高等教育实践教育资源的建设和开放共享需要多单位和部门的协作与支持。目前大多数实践教育资源只是局限在很小的范围之内，如学校实验室、校企实训基地，既相对孤立，又存在重复建设。应加强沟通合作，实现不同院校和不同单位之间的开放共享，同时交流不同的实践经验，加快改进步伐，推动实践教育资源的开放共享。

实践教育资源的建设和开放共享初期需要加强硬件和软件建设，加强开放性，因此基本投入较大。同时，开放共享就是一个相互合作、共同进步的过程，未来实践教育资源将是不同地域和不同平台之间的相互合作和相互学习。实践教育资源的建设与开放共享是一项复杂的系统工程，要有长期的建设规划，统筹安排，以学生为本，以合理的共享方式为依托，提高学生的认识水平和动手能力，激励教师的教学热情，推动教师进行深入研究，真正发挥资源的实质作用。

（二）加强课程建设和创新

高质量的课程体系是高等教育教学创新的核心，也是实现教育资源优化配置和教学质量提高的重要途径。以下是加强课程建设和创新的一些具体举措：

1. 建立和完善课程评价机制

课程评价是促进教学质量提高和优化课程资源配置的重要手段。高等教育机构需要建立科学、公正、全面的课程评价机制，包括学生评价、教师评价、专家评价等，以便及时了解课程的教学效果和存在的问题，为课程的进一步改进提供参考。

2. 加强教学方法的创新

教学方法的创新是提高教学质量的关键。高等教育机构需要积极探索多种教学方法，如案例教学、团队合作学习、问题导向学习等，以满足不同学生的学习需求并提升教学效果。

3. 建设在线课程和开放式课程

在线课程和开放式课程是当前高等教育的热点发展方向。高等教育机构需要借助现代技术，建设和开发在线课程和开放式课程，为学生提供更加灵活的学习方式和多样化的学习资源。

4. 加强实践教学和社会实践

实践教学和社会实践不仅是高等教育教学的重要组成部分，还是提高学生综合能力和就业竞争力的关键。高等教育机构需要加强实践教学和社会实践的组织与管理，为学生提供更加丰富的实践机会。

5. 优化课程资源的配置和管理

高等教育机构需要建立和完善课程资源管理机制，包括课程资源库建设、课程资源管理平台建设、教师课程设计和管理等方面的优化，以提高课程资源的利用效率和教学质量。

总之，加强课程建设和创新是高等教育教学创新的重要方向，需要高等教育机构不断探索和实践，结合自身实际情况，建立和完善适合本校的课程建设和创新体系，为学生提供更优质的教育资源和教学服务。

三、加强师资队伍建设

高等教育管理现代化需要加强师资队伍建设，提高教师的教学水平和教育质量。

第一，要建立并完善教师培训机制，开展各类教师培训和学习活动，提高教师的教学水平和教育素质。培训内容包括教学方法、教学理论、教育心理学、信息技术等方面，让教师了解最新的教育教学理念和前沿技术，提高其教育教学能力和素质。

第二，要建立和完善教师评价制度，建立科学的评价体系，实现对教师绩效的科学评价。评价内容应包括教学质量、学术研究、社会服务等方面，评价指标应科学、合理、全面、客观，以促进教师个人能力的提高和教育教学质量的提升。

第三，要加强对优秀教师的引进和培养。通过各种渠道和方式，积极引进具有国际水平和知名度的教育专家、学者和教师，为高等教育师资队伍注入新的血液和活力。同时，要通过各种渠道和方式，加强对教师的培养和支持，提高教师的综合素质和竞争力。

第四，要改善教师的工作条件和待遇。为教师提供良好的工作环境和条件，提高教师的工作积极性和创造性。同时，要提高教师的待遇水平，增加教师的薪资、福利和社会地位，使教师更加专注于教育教学工作。

总之，加强师资队伍建设是高等教育管理现代化的重要内容，只有提高教师的教学水平和教育质量，才能推动高等教育的不断发展和进步。

第二节　高等教育管理的现代化策略

高等教育管理的现代化策略包括以下几个方面：

一、优化管理体制

高等教育管理体制是高等教育管理的重要基础，对高等教育的发展起着关键作用。因此，优化高等教育管理体制是改进高等教育管理的首要任务。在优化高等教育管理体制方面，需要从以下几个方面入手：

（一）建立和完善高等教育管理的体系和制度

建立和完善高等教育管理的体系和制度是优化高等教育管理体制的重要措施。这需要在高等教育管理的各个环节上建立相应的管理制度和规章制度，以保证高等教育管理的规范性和有效性。在具体实践中，需要注重以下几个方面：

第一，加强对高等教育机构的管理，包括教学、科研、师资队伍、学生管理等方面。

第二，建立高等教育质量监测和评价制度，确保高等教育质量的稳定和提高。

第三，建立和完善高等教育管理的法律法规，明确高等教育管理的法律责任和管理权限。

（二）建立高等教育管理的协调机制

高等教育管理涉及多个部门和单位，需要保证各部门和单位之间的协同配合和合理分工。这需要建立高等教育管理的协调机构和工作机制，在高等教育管理的各个环节上实现资源共享和信息共享，提高高等教育管理的效率和水平。

（三）提高高等教育管理的透明度和公开性

提高高等教育管理的透明度和公开性，是优化高等教育管理体制的重要目标。具体而言，可通过以下几个方面来提高高等教育管理的透明度和公开性：

1. 加强信息公开

高等教育管理机构应加强对管理政策、资金使用、项目审批、教师评价等信息的公开，让学生、教师和社会各界了解高等教育管理的工作情况和进展情况。同时，高等教育管理机构也应该建立信息公开平台，提供在线信息查询、政策解读等服务，方便公众获取高等教育管理信息。

2. 加强政策解读

高等教育管理机构应加强与教育行业媒体的沟通与合作，加强对高等教育政策的解读和传达，让公众了解高等教育管理政策的内容、目的和意义。

3. 开展公开听证

高等教育管理机构在决策重要事项时，应开展公开听证，听取学生、教师、家长和社会各界的意见和建议，提高决策的科学性和公正性。

4. 加强社会监督

高等教育管理机构应加强与社会各界的沟通与合作，接受社会监督和反馈，及时纠正工作中存在的问题和不足，提高高等教育管理的公正性和透明度。

二、加强信息化建设

加大对高等教育信息化建设的投入，推进高等教育管理信息化和数字化转型，提高高等教育管理的智能化水平与数据化分析能力。

（一）高等教育信息化建设的内涵

教育信息化是指在教育领域（教育管理、教育教学和教育科研）全面深入地运用现代信息技术来促进教育改革与发展的过程。其技术特点是数字化、网络化、智能化和多媒体化，基本特征是开放、共享、交互、协作。高等教育信息化建设主要包括以下三个方面的基本内容：

1. 培养教育信息化人才

高等教育信息化建设需要把信息化人才培养放在首位，培养适应现代教育改革发展的信息化人才。

2. 开发信息化教育资源

开发信息化教育资源即在教育领域运用信息化技术，实现教学管理和教学研究的信息化、现代化，开发和利用教育领域的信息化资源，达到共建共享的目的。

3. 建立教育信息化服务平台

教育信息化平台具有开放、灵活、兼容、智能的特点，能支持高校现有应用平台接入，如智慧校园、中国大学慕课、智慧树、各种云平台等，让课程建设变得更加容易和快捷。

（二）高等教育信息化建设的特征

高等教育信息化具有其自身的特征和内在规律，这是高等教育信息化建设的出发点。当前，我国高等教育信息化工作主要围绕一个核心内容展开，即教学信息化，目标是推动高等教育信息现代化。教学信息化推动教育观念变革、教学形式和内容创新，它是加快教育发展的助推器，是提高教育质量的关键环节之一。

从技术上看，教育信息化是指借助一定的设备和技术，实现教育数字化、教育网络化、教育智能化的综合运用。数字化信息技术使知识传递变得越来越媒介化和可视化；教育网络化增添了信息资源共享的形式和内容，提高了教育信息资源的配置效率；教育智能化是教育媒体功能的全面升华，能打造智能化的学习环境，帮助人们建立起现代智慧教育体系。从教育上看，教育信息化建设要求建成开放性、共享性、交互性的智能型网络教育模式。开放性指的是打破传统以学校教育为中心的教育模式，使受教育者的范围更广、教育更便捷；共享性是教育信息化建设的价值要求，通过共建共享，实现优质教育资源的创造和利用；交互性是教育信息化的现实要求，通过网络平台和智能设备，实现人机之间、师生之间的双向沟通和交互学习，从而提高学习效率；智能型教育模式是教育信息化建设的终极目标之一，教育信息化建设最终目的是为教育者提供系统化、网络化、智慧化的学习平台和运行机制。

高等教育信息化建设是"教育"社会学属性和"技术"自然科学属性相结合的过程，其本质就是为师生提供优质的信息化"教"与"学"的环境，并以此为依托，变革传统"教"与"学"的方式。教育目标和人才培养是核心，是信息技术这个载体的内容；信息技术是服务于教育目标的手段，是工具，是平台。二者之间是相辅相成、有机统一的，在教育信息化建设中不能将二者割裂。

（三）高等教育信息化建设的实践途径

高等教育信息化是教育信息化发展的前沿阵地，是提高教育质量和促进教育改革发展的有效途径之一。在高等教育信息化建设的过程中，要把推进现代信息技术与高等教育深度融合作为目标，创新教育教学模式和人才培养模式。在实践环节，要提高教师教学信息化建设和创新的能力；建设信息化教学资源库应该以应用为导向；开发利用现代信息技术是推动教育信息化建设的基础。

1. 推进现代信息技术与高等教育深度融合

推进现代信息技术与高等教育深度融合是高等教育信息化建设的首要目标。

首先，要实现高等教育信息化必须从教育属性与技术属性的统一性出发，从教育的社会功能和信息技术需求角度进行总体设计，解决教育资源缺乏、教育效果不佳、教育不公平等一系列问题。

其次，高等教育信息化建设要有"互联网+"的思维。在建设的过程中，不是简单的结合，而是实现教育和现代信息技术最优的融合度、最大的利用度和最佳的效果，培养出更多复合型人才和高素质人才。

再次，现代信息技术与高等教育深度融合的最高阶段是重构教育新常态，可通过建立智慧教室、开展线上线下混合式教学和开展混合现实与虚拟情景教学等方式来实现。

最后，推进现代信息技术与高等教育深度融合，需要改革原有的单一教育评价方式，可以利用网络技术开展学生自评和五五互评，并与教师的评价结合起来，形成最终评价。

2. 改变传统的教学模式

传统教学模式采用"面对面"的方式直接传递知识，效率较低。以信息化为载体的网络教学能提高信息传递的速度，大大节约了教育信息的传递成本，提高了知识传播效率。在教育信息化的作用下，每个人都是教育资源的建设者和共享者，既能创造新资源，又能共享优秀教育资源。以学生为主体、教师为主导的"双主"教学方式是教育信息化建设的必然选择，也是目前遵循以学生为中心的教育理念的最佳模式。

在教学组织和实施中，可以利用信息技术开展线上线下混合式教学。教师利用丰富的网络资源和动态网络课件开展教学活动，使教学过程更加具有对象性，使教学内容更加生动、形象、丰富、深刻。在教学前，教师利用网络平台让学生预习，教学后布置作业和拓展阅读任务，能大大提高教学效果。混合式教学法有利于加强师生之间的互动交流，增强教学效果，提高教学质量。在线上教学部分，教师还可以使用大数据或智能化工具，对学生的学习效果进行分析，对学生的学习状态进行跟踪，做到教学质量评价精准化。

3. 提高教师教学信息化素养和创新能力

培养教师的信息化素养是高等教育信息化建设中的一个重要实践环节。在高等教育信息化建设的过程中，高校除要组织教师开展教学信息技术培训，还应组织开展信息化技术交流活动，必要时开展相关教学技能竞赛。在实践中，现代教育技术培训包括教师和教学管理人员两级培训体系。教师信息化技术能力培训主要是在设计制作网络课件、交互式视频、微课开发及课程群建设方面对教师提供有针对性的指导，管理人员培训主要是提高教学技术管理人员开发、利用、管理及维护等方面的能力。另外，高校还可建立教师信息化教学创新能力方面的激励机制，用来提高教师教学改革和创新的积极性。

4. 建设完善的信息化教学资源库

开发利用高校教育信息化资源、建设完善的教学资源平台是实现高等教育信息化的重要途径之一。在实际操作中，应该以应用为导向，创建相应的教学资源库，将原创资源、网络资源及共享资源三方紧密联系起来，加以整合优化，以便更好地推动教育信息化发展。

资源整合可采取的具体途径：第一，确定与教学规模相适应的资源量，根据不同专业特色，提炼现有成果，有区别地进行优质教学资源的分配；第二，加强学科建设，调整学科专业方向，根据学校办学定位及学科情况，合理规划教学资源配置，以促进学科发展；第三，调整优化人才政策，招聘政策向高素质信息化人才倾斜，重视提升本校教师队伍的信息化能力，提高青年教师的信息化素养，鼓励创造创新，提高教师队伍整体教育信息化建设水平，从而不断增加优质原创性信息化教学资源的产出。

5. 创新

创新是高等教育信息化建设的关键环节，是引领教育发展的第一动力。在高等教育信息化建设实践中，在创新发展方面高校需要做好以下四个方面的工作。一是要注重应用软件的自主开发。结合学校实际开发各类软件，确保软件平台使用校本化和安全稳定。二是要努力实现教学资源信息开发共享，建立原创资源库和共享备课平台。三是要加强教育信息一体化建设，形成高校教育信息网络化、系统化，实现互联互通、共建共享。四是要购买必要的教学仿真软件，通过校企合作，建立仿真实验室或者实践场地，借助三维可视化技术、增强现实技术、虚拟现实技术、混合现实技术和扩展现实技术等，建立沉浸式体验教室和实验室，丰富教学形式，提高教学质量。

三、推进产学研一体化

加强高等教育机构与产业和科研机构的深度融合，推进产学研一体化，促进高等教育与经济社会的协调发展，提高高等教育的应用和创新能力。

（一）产学研一体化的概念和背景

产学研一体化是指将产业界、高等教育机构和科研机构有机结合起来，共同开展创新研究、技术开发和人才培养的一种综合性创新模式。产学研一体化的出现是为了解决传统教育与产业界之间存在的脱节问题，提高科技成果的转化率和人才培养质量，推动经济社会的可持续发展。

当前全球经济竞争激烈、技术创新加速，传统教育与产业界之间的脱节问题越发明显。高等教育机构和科研机构往往以基础研究和学术发表为主，缺乏与产业界的联系，导致科技成果难以转化为实际应用和经济效益。而产业界面临人才储备不足、技术创新不够、市场需求不匹配等问题。为了解决这些问题，产学研一体化应运而生。

产学研一体化的目的是促进科技成果转化和人才培养，推动产业升级和经济发展。产业界的需求和市场趋势可以指导高等教育机构和科研机构的科研方向与人才培养；而高等教育机构和科研机构的科技成果也可以为产业界提供技术支持和人才储备，促进产业的创新发展。

在产学研一体化的实践中，产业界、高等教育机构和科研机构之间可以通过项目合作、技术转移、人才培养等多种方式进行合作。例如，企业可以与高等教育机构和科研机构合作进行科技研发和人才培养，而高等教育机构和科研机构也可以积极参与企业的技术创新和产业发展，推动科技成果的转化和应用。

产学研一体化的实践需要政府的支持和引导：①提供政策和资金支持。政府可以制定有利于产学研合作的政策和法规，加大对产学研合作的投入和资金支持，鼓励高等教育机构和企业加强合作，共同推动科技创新和产业发展。②建立创新创业孵化平台和技术转移中心。政府可以建立创新创业孵化平台和技术转移中心，为高等教育机构和企业提供技术支持和服务，促进科技成果的转化和应用。③加强知识产权保护。政府可以加强对知识产权的保护和管理，建立知识产权管理制度，提高知识产权的运用效率和管理水平，鼓励高等教育机构和企业加强知识产权合作和交流。④鼓励人才培养和流动。政府可以加强高等教育机构和企业之间的合作，推动人才培养与产业需求的紧密结合，鼓励高等教育机构同企业之间的人才流动和交流，提高人才的实践能力和创新能力。

除了政府的支持和引导，产学研一体化实践还需要高等教育机构、企业和社会各方面的共同努力，加强合作、创新和知识产权保护，促进产学研一体化实践的成功。

（二）推进产学研一体化的意义

1. 促进技术创新

推进产学研一体化可以促进技术创新的发展，具体包括以下几个方面：

（1）加强产学研合作，提高技术研发的实效性。产学研一体化的核心是产业、高等教育机构和科研机构三方的合作，通过合作可以更好地将科技成果转化为实际生产力，提高技术研发的实效性。在合作中，产业可以提出实际需求，高等教育机构可以提供技术和人才支持，科研机构可以提供创新能力和科技成果，三方协作可以使技术研发更加贴近市场需求和实际应用。

（2）加强知识产权保护，提高技术创新的保障性。产学研一体化中的知识产权保护非常重要，只有保护好知识产权，才能更好地保障技术创新的发展。在合作过程中，企业需要对高等教育机构和科研机构提供的技术进行严格的保密和知识产权保护，防止技术泄露和侵权。同时，高等教育机构和科研机构也需要对自己的知识产权进行保护，保障自身创新能力和创新成果的合法性和权益。

（3）提高技术转化和应用能力，促进技术创新的落地。产学研一体化可以促进技术的转化和应用，让科技成果更好地服务于实际生产和生活。在合作过程中，企业可以将高等教育机构和科研机构提供的技术应用于自己的产品和服务中，实现技术创新的落地和推广。同时，高等教育机构和科研机构也可以借助企业的渠道和资源，将自己的科技成果转化为实际的产品和服务，实现技术的商业化应用。

（4）建立创新创业孵化平台，培养创新人才和创业企业。产学研一体化可以通过建立创新创业孵化平台，培养和支持创新人才与创业企业的发展，进一步促进技术创新的发展。在合作过程中，高等教育机构和科研机构可以为创业企业提供技术支持和创新能力，企业可以为高等教育机构和科研机构提供实际的商业应用场景和市场反馈，从而实现互利共赢。

2. 优化人才培养机制

产学研一体化可以将产业需求与高等教育机构的教学和科研结合起来，优化人才培养机制，培养出符合产业需求的高素质人才，提高人才的实践能力和创新能力。

3. 促进产业发展

通过产学研一体化，企业可以借助高等教育机构与科研机构的专业技术和资源，推动产品研发和市场应用，促进产业升级与发展。

（三）推进产学研一体化的关键措施

产学研一体化是产业、高等教育机构和科研机构之间紧密合作的一种形式，旨在促进技术创新和产业升级。在产学研一体化中，优化人才培养机制是实现技术创新的重要途径之一，因为优秀的人才是技术创新的重要源泉。

1. 加强理论与实践相结合，提高人才的实践能力

传统的教育体系在人才培养中注重理论教育，忽视了实践环节。而在产学研一体化中，企业和科研机构可以为高等教育机构提供实际的产业应用场景和需求，帮助高等教育机构构建和完善实践教育体系。高等教育机构可以通过与企业合作实现教学与实践的深度融合，提高人才的实践能力和应用能力。

2. 为人才提供创新的环境和机会

企业和科研机构可以为高等教育机构提供实际的产业需求和技术支持，帮助高等教育机构开展科技创新和科技成果转化。高等教育机构可以通过与企业合作获得实际的创新场景和创新需求，从而提高人才的创新能力与创新水平。

3. 优化人才培养机制，提高人才的适应性和竞争力

企业和科研机构可以为高等教育机构提供实际的人才需求和人才培养方向，帮助高等教育机构优化人才培养计划和课程设置，提高人才的适应性和竞争力。

4. 加强产学研合作，推动教育教学和职业需求的紧密结合

高等教育机构通过与企业和科研机构合作，建立职业化课程体系，制订适应职业需求的教学计划和教学内容，提高教学的实践性和针对性。

5. 加强职业指导和咨询服务

高等教育机构可以设立职业指导和咨询服务机构，为学生提供职业规划和就业指导服务，帮助学生更好地了解职业发展趋势和就业市场需求，提高其就业能力和竞争力。

6. 加强学科交叉和跨学科培养

促进学科交叉和跨学科培养，帮助学生更好地理解不同领域的知识和技能，提高其综合素质和适应能力。

7. 建立激励机制

高等教育机构可以建立激励机制，鼓励学生参与产学研一体化合作项目，提高其创新能力和实践能力，激发其对职业发展的热情和兴趣。

四、强化社会责任和服务意识

高等教育机构是一个国家的重要组成部分，承担着为国家培养各类高级人才的任务。随着社会经济的快速发展和高等教育的普及，高等教育机构的社会责任和服务意识日益受到关注和重视。

（一）高等教育机构的社会责任

高等教育机构作为国家的重要组成部分，肩负着许多社会责任，其中包括以下几个方面：

1. 培养高素质人才

高等教育机构是国家培养高素质人才的主要渠道，其培养的人才应该具备国际竞争力，具备创新精神、实践能力和团队协作能力等多方面的素质。

2. 传承和发展文化遗产

高等教育机构应该传承和发展国家的文化遗产，加强文化教育和对传统文化的研究，让学生能够了解和爱护自己国家的传统文化。

3. 推动社会和经济发展

高等教育机构应该积极推动社会和经济发展，培养创新人才，支持科技创新和产业发展。

4. 维护社会稳定与和谐

高等教育机构应该积极维护社会稳定与和谐，关注社会公平和正义，加强对学生的思想政治教育，引导学生树立正确的价值观和人生观。

（二）高等教育机构的服务意识

高等教育机构的服务意识是指为学生、教职员工和社会提供各种服务的意识和能力。

1. 学生服务

高等教育机构应该为学生提供全面、优质的服务，包括学习指导、生活服务、心理健康服务等方面。

2. 教职员工服务

高等教育机构应该为教职员工提供良好的工作环境和福利待遇，支持教职员工的教学和科研工作，提供相关培训和职业发展支持。

3. 社会服务

高等教育机构应该为社会提供各种服务，如科研成果转化、产业合作、社会公益等。通过与社会各方面的合作，高等教育机构可以更好地服务于社会，实现共赢发展。

高等教育机构的社会责任和服务意识是相互联系的，只有具备强烈的社会责任感和服务意识，才能为学生、教职员工和社会提供更优质的服务，实现高等教育的社会价值。

第三节　高等教育管理的评估与改进

高等教育管理的评估与改进是管理现代化的重要环节，可以帮助高等教育机构更好地发现和解决问题，提高教育质量和管理水平。高等教育管理的评估与改进包括以下几个方面：

一、教学评估

通过对课程设置、教学质量、师资队伍等方面的评估，发现教学中存在的问题，及时进行改进，提高教育教学质量。

（一）高等教育管理教学评估的概念

高等教育管理的教学评估是指对高等教育机构和教师的教育教学工作进行定性和定量评估的过程，旨在评价教学质量、促进教育教学改进和提高高等教育教学质量。它是高等教育内部质量保障体系中的一个重要环节，也是高等教育内部质量监控的手段之一。

教学评估的概念是随着高等教育的不断发展而逐渐形成的。在过去，高等教育机构的教学评估主要是为了向外界证明其教育教学质量，强调其自我监管和质量保障能力。随着高等教育的快速发展和竞争加剧，教学评估不再是简单地为了向外界证明高等教育机构的教育教学质量，而是更多地关注内部质量保障和监控，以提高高等教育教学质量。

高等教育管理的教学评估包括教育教学的目标与计划、教学资源、教师教学能力、学生学习成果和毕业生就业情况等内容。这些评估内容涉及高等教育的方方面面，可以有效地评估教育教学的质量和效率。

高等教育管理的教学评估方式和方法也非常重要。评估的方式可以是定性的或定量的，如教学观察、学生评价、教师自评、教学设计评估、毕业生追踪调查等。评估的方法可以是直接测量、问卷调查、面试、小组讨论等。

（二）高等教育管理教学评估的内容

1. 教育教学目标的评估

教育教学目标的评估是高等教育管理教学评估中的重要内容。它是通过对学生学习成果的评估，来判断教育教学目标是否达成的过程。教育教学目标评估的主要目的是检验教育教学活动的有效性，确定教育教学质量，并对教育教学活动进行持续改进。

教育教学目标评估的过程：第一，制定教育教学目标。教育教学目标的制定需要综合考虑学科特点、学生特点、社会需求等因素，符合教育教学实际的目标。教育教学目标的制定应该具有可衡量性，即可以通过客观的评估指标来衡量目标的实现程度。第二，选择评估方法。教育教学目标评估的方法有多种，包括直接测量、问卷调查、面试、小组讨论等。不同的评估方法适用于不同的目标，需要根据实际情况进行选择。第三，实施评估。实施教育教学目标评估需要有明确的评估标准和评估流程，以确保评估的公正性和准确性。评估结果需要反馈给相关人员，以便进行改进和优化。第四，分析评估结果。通过分析评估结果，可以发现教育教学目标的实现情况和存在的问题，从而为教育教学的改进提供依据。同时，评估结果也可以为学生提供反馈，帮助他们了解自己的学习情况，更好地制订学习计划。

教育教学目标评估的重要性体现在以下几个方面：第一，能够帮助学校和教师更好地了解学生的学习情况，及时发现和纠正教学中存在的问题，提高教育教学质量；第二，能够促进教育教学目标的落实和实现，为学生的综合素质培养提供有效支撑；第三，能够提高学生学习的动力和积极性，促进学生的自我评价和自我完善。

2. 教学过程的评估

教学过程的评估是高等教育管理教学评估的重要组成部分，主要是对教学内容、教学方法、教学资源、教学环境等进行评估。

教学过程的评估主要包括以下几个方面：第一，教学内容的选择和设计。评估教学内容的选择和设计是否符合学生的学习需要与教学目标的要求，是否能够激发学生的学习兴趣和潜力，是否能够提高学生的综合素质和能力。第二，教学方法的使用。评估教学方法的使用是否多样化且具有灵活性，是否能够激发学生的学习兴趣和积极性，是否能够促进学生的主动学习和自主发展。第三，教学资源的利用。评估教学资源（包括教材、教具、实验室等方面的资源）的利用，能否满足教学需要，能否提高教学效果和质量。第四，教学环境的营造。评估教学环境的营造，包括教室的布局、设施的配置、教学场所的安全和卫生等方面，是否能够为学生提供良好的学习环境和条件，是否能够提升学生的学习效果及体验。第五，教学效果。评估教学效果，包括学生的学习成绩、综合素质、能力提升等方面，是否能够达到教学目标和要求，是否能够满足学生的学习需求与社会的要求。

教学过程的评估可以通过教学观摩、课堂教学评价、学生反馈、教学档案等多种方式进行，以期发现问题并及时解决，不断提高教学质量和效果。

3. 教学成果的评估

教学成果的评估是指对学生在教育教学过程中所获得的知识、素质等方面进行评估，以检验教育教学过程的有效性和成果的质量。

（1）知识技能方面的评估。对于知识技能方面的评估，可以通过考试、测试、作业、论文等方式进行。例如，对于语言类课程，可以通过考试或口语表现来评估学生的语言水平；对于实践类课程，可以通过实验报告、项目成果等方式来评估学生的实践能力。

（2）综合素质方面的评估。综合素质方面的评估包括道德品质、心理健康、创新创业能力、领导能力、团队合作等内容，可以通过问卷调查、访谈、观察实际表现等方式进行评估。

（3）学术研究方面的评估。对于研究类课程，可以通过论文、研究报告等方式进行评估。评估内容包括研究的深度、广度、创新性等方面。

（4）社会实践方面的评估。对于社会实践类课程，可以通过实践报告、实践成果等方式进行评估。评估内容包括实践的效果、对社会的贡献、实践能力等方面。

总之，教学成果的评估需要根据不同课程的特点和目标，选取相应的评估方法和内容，以全面、客观地反映学生在教育教学过程中所获得的成果。同时，评估结果应该为教育教学过程的改进提供依据，为学生的发展和成长提供指导。

4. 教学改革的评估

教学改革是高等教育管理的重要内容，评估教学改革的效果和成果也是高等教育管理教学评估中的一项重要工作。教学改革评估主要从以下几个方面进行：

（1）教学改革的方向和目标。评估教学改革的方向和目标是否与高等教育的发展趋势相一致，是否符合学生与社会的需求。同时，评估教学改革目标的设定是否具有可实现性、可量化性和可评估性。

（2）教学改革的实施过程。评估教学改革的实施是否有合理的计划和组织，是否有足够的资源和支持，沟通和协调是否有效，是否符合相关政策及法规，是否得到师生的支持和参与。

（3）教学改革的效果和成果。评估教学改革的效果和成果是否达到预期目标，是否有助于提升教师的教学质量，是否有助于学生综合素质及就业竞争力的提升，对学校的发展和声誉是否有积极的影响。

（4）教学改革的持续性和可持续性。评估教学改革的持续性和可持续性，即评估教学改革是否能够长期持续发展，是否能够在未来的教学中产生持续的影响。同时，评估教学改革是否具有可复制性和可推广性，是否能够为其他高校提供借鉴及启示。

评估教学改革的效果和成果对高等教育管理具有重要的意义，能够帮助高校发现问题和不足，及时进行调整和优化，促进教育教学质量的提高与教学改革的长期可持续发展。

（三）高等教育管理教学评估的方式

1. 内部评估

内部评估是高等教育机构建立的一种教学评估机制，主要由内部专业人员进行教学评估，包括学科组、课程组等。与外部评估相比，内部评估更注重全面、深入了解教学过程，以发现更多细节问题，并及时采取措施进行改进。

（1）内部评估的意义。

提高教学质量。内部评估可以发现教学过程中存在的问题和不足，及时进行改进和优化，提高教学质量，使教育教学更加符合学生的需求和社会的期望。

促进教师的教学能力提升。内部评估是一种反思和沟通的机制，可以帮助教师更加深入地了解自己的教学过程和教学效果，并及时调整自己的教学方法和策略，从而提高教学能力。

增强学科建设的有效性。内部评估可以帮助学科组更加全面地了解本学科的教学情况和学生的学习状况，及时发现问题并进行改进，从而提高学科建设的有效性。

提高学校的教学管理水平。内部评估可以帮助学校更加全面地了解教学过程和效果，及时发现和解决问题，提高教学管理水平和学校的整体竞争力。

（2）内部评估的内容。

教学目标的评估。教学目标是教学活动的目的和方向，评估教学目标的实现情况可以帮助教师更加准确地掌握学生的学习情况，及时进行调整和改进。

教学过程的评估。教学过程是教学活动的实施过程，评估教学过程可以帮助教师更好地了解自己的教学方法和策略是否合理，是否能够满足学生的学习需要。

教学效果的评估。教学效果是教学活动的结果和产出，评估教学效果可以帮助教师更好地了解学生的学习成果和学习效果，及时发现问题并进行改进。

教学改革的评估。评估教学改革的实施情况可以帮助教师更好地了解教学改革的效果，指导教师进行改进和创新，推动教学质量不断提高。

师资队伍建设的评估。教师是教学活动中的关键因素，评估师资队伍的建设情况可以帮助高校了解教师的教学水平和能力，指导师资队伍的建设和培养。

教学资源的评估。教学资源是教学活动的基础和保障，评估教学资源的充足程度和质量可以帮助高校了解教学资源的利用情况和存在的问题，指导教学资源的建设和利用。

教学管理的评估。教学管理是教学活动的保障和支持，评估教学管理的实施情况可以帮助高校了解教学管理的效果和存在的问题，指导教学管理的改进和优化。

教学成果的评估。教学成果是教学活动的重要产出，评估教学成果的质量和水平可以帮助高校了解教学成果的实现情况和存在的问题，指导教学成果的评价和利用。

（3）内部评估的方法。

问卷调查法。问卷调查法是一种常用的评估方法，通过合理设计问卷，收集学生、教师等相关群体对教学活动的看法和评价，分析数据得出评估结论。

教学观摩法。教学观摩法是一种直观的评估方法，通过观摩教学活动，了解教学内容、教学方法、教学效果等，得出评估结论。

专家评审法。专家评审法是一种较为客观的评估方法，通过邀请教育专家对教学活动进行评审和鉴定，得出评估结论。

档案分析法。档案分析法是一种比较全面的评估方法，通过对教学活动的教案、作业、试卷等相关文件的分析和比对，得出评估结论。

以上评估方法可以结合使用，根据评估的内容和需要选择合适的评估方法。同时，在进行评估时，应当充分考虑评估对象的需求和意见，确保评估结果的准确性和可信度。

2. 外部评估

外部评估是指高等教育机构邀请外部专业机构或专家对其教学质量进行评估，以获取第三方客观的评价和反馈。以下从教育部门、行业协会和专业委员会三个方面详细介绍外部评估的方法。

（1）教育部门评估。教育部门评估是指高等教育机构邀请教育部门对其进行教学评估。教育部门会派出专业的评估团队，对高等教育机构的教育教学质量进行全面评估，评估内容包括教学水平、师资队伍、教育资源、学科建设、学生培养等方面。教育部门评估的结果会对高等教育机构的教学质量和改进提出具体的要求和建议，可以作为高等教育机构教学改进的重要参考。

（2）行业协会评估。行业协会评估是指高等教育机构邀请行业协会或相关专业组织对其进行教学评估。行业协会或专业组织具有行业专业的知识和技能，能够对高等教育机构的教学质量进行专业的评估，提出切实可行的改进方案。行业协会评估可以促进高等教育机构和行业协会之间的交流合作，提高高等教育机构的教学质量和专业水平。

（3）专业委员会评估。专业委员会评估是指高等教育机构邀请相关专业委员会对其进行教学评估。专业委员会由具有相关专业知识和经验的专家组成，可以针对特定的学科领域对高等教育机构的教学质量进行评估，提出具体的建议和改进措施。专业委员会评估可以为高等教育机构的教学改革和发展提供指导性的意见和建议，提升高等教育机构的教学质量和水平。

以上是外部评估的三种常用方法。不同的评估方法有着不同的特点和优势，高等教育机构可以根据自身的情况和需要选择合适的评估方法。同时，外部评估也需要高等教育机构充分配合和支持，积极接受评估的结果和反馈，及时改进并提高教学质量和水平。

3. 社会评估

社会评估是指邀请社会专业人士、行业领袖和社会公众等外部人士参与高等教育教学评估，以获取社会反馈和建议。社会评估是高等教育机构进行教学评估的重要方式之一，可以为高等教育机构提供更全面、客观和准确的评估结果。

以下是社会评估的具体内容和方法：

（1）评估内容。教学目标的达成情况：评估教学目标的达成情况是否符合学生的需求和社会的要求。教学过程的质量：评估教师的授课质量、课堂氛围、互动方式等。教学效果的评估：评估学生的学习效果和综合能力，以及学生对教学的反馈和评价。教学改革的实施情况：评估教学改革的实施情况和效果，以及教学改革的可持续性和推广性。

（2）评估方法。专家评估：邀请相关领域的专家、学者和从业者组成评估团队，通过课堂观察、听取学生讲评等方式进行评估。学生评估：邀请学生代表参与教学评估，通过问卷调查、小组讨论等方式获取学生对教学的反馈和建议。社会评估：邀请行业协会、企业代表等社会专业人士参与教学评估，获取社会反馈和建议。自评：高等教育机构自主开展教学评估，通过建立评估机制和评估标准，自我发现问题并进行改进。

（3）评估结果的应用。评估结果可以为高等教育机构提供改进和优化教学的方向和依据，包括调整教学目标、改进教学方法、完善教学设施、提高教师专业水平等方面，进而促进高等教育的发展和进步，为学生提供更好的教学质量和服务，提高学生综合素质和就业能力。

二、学生评估

学生评估是高等教育管理教学评估的重要方式之一，通过对学生的综合评价来了解教学中存在的问题和需求，以及学生的心理健康情况等，为高等教育的改进提供重要参考。下面详细介绍学生评估的内容。

（一）教学质量评价

教学质量评价能够反映教学过程中的优点和不足，为学校进行改进提供重要参考。教学质量评价主要涉及以下三个方面：

1. 教师授课水平

教师授课水平是影响学生学习效果的一个重要因素，学生可以对教师的授课方式、教学态度、教学效果等进行评价。例如，教师能否清晰地讲解知识点，能否激发学生的学习兴趣，能否有效地引导学生思考和解决问题，等等。

2. 教学方法

教学方法是教学过程中非常关键的一个方面，不同的教学方法产生的学习效果不同。学生可以对教师的教学方法进行评价，包括是否注重启发式教学、是否能够应用多种教学手段、是否能够根据学生的学习特点进行个性化教学等。

3. 教学资源

教学资源包括教学用书、教学设备、教学场所等方面，这些教学资源对学生的学习效果具有重要影响。学生可以对教学资源的质量、数量、适用性等进行评价，为学校提供改进建议。

除了以上三个方面，教学质量评价还可以涉及课程设置、考核方式、学习环境等方面。通过学生的评价和反馈，学校可以及时发现教学中存在的问题和不足，加以改进，从而提高教学质量，提升学生的综合素质。

（二）课程内容评价

课程内容评价主要包括课程设置、教材选用、课程难度、教学资源等方面。

1. 课程设置

课程设置是指课程的内容和结构，包括课程的名称、学分、学时、教学目标、教学内容和教学方法等。评价课程设置需要考虑课程的适应性、先进性、实用性和针对性等因素，以满足学生学习需要和社会需求。

2. 教材选用

教材是教学活动的基础和支撑，评价教材选用需要考虑教材的适用性、更新性、科学性和易读性等因素，以确保教材的质量和实用性。

3. 课程难度

课程难度是指课程内容的深度和难度，评价课程难度需要考虑学生的知识水平和学习能力，以确保课程难度的适宜性、合理性。

4. 教学资源

教学资源是指教学所需要的各种物质和人力资源，包括教师、教室、设备和实验室等。评价教学资源需要考虑教学资源的充足性、更新性、先进性和质量等因素，以确保教学活动的顺利进行。

（三）学习资源评价

学习资源评价的目的是了解学校教学资源的充足性、质量和利用效率，从而为提升教学质量提供支持和依据。以下是学习资源评价的内容。

1. 教室设施

教室的大小、布局、座位、教学设备、空气质量等都会对学生的学习效果产生影响。因此，评价教室设施的好坏，可以帮助学校了解教室的现状，并根据评估结果对教室进行改善。

2. 实验室

实验室是科技类专业学生进行实践操作的重要场所，对实验室的设备齐全性、操作安全性、环境卫生等方面的评价，可以帮助学校提升实验室的教学质量，保障学生实践操作的安全性和有效性。

3. 图书馆

图书馆是提供学习资源的重要组成部分，对图书馆的藏书数量、藏书种类、借阅方式等方面的评价，有助于学校了解学生的阅读情况和为学生提供更好的学习资源。

4. 计算机设备

计算机设备在现代教育中占有重要地位，对计算机设备的数量、配置、网络稳定性等方面的评价，有助于学校为学生提供更好的网络学习环境和学习资源，满足学生的学习需求。

学习资源评价是教学质量评价中不可或缺的一个方面，可以为学校提供有益的改进和提升方向。

（四）心理健康评价

学生的心理健康状况对其学习效果和发展潜力具有重要影响，因此高等教育机构需要关注学生的心理健康状况，并采取相应措施促进其心理健康。心理健康评价的具体内容包括以下几个方面：

1. 学生心理健康问题的调查和分析

高等教育机构可以通过调查问卷、个别谈话等方式了解学生的心理健康问题，如学习压力、焦虑、抑郁等，以便制定相应的心理健康教育支持措施。

2. 心理健康服务的评估

高等教育机构需要评估心理健康服务的覆盖率、效果和质量，以便不断改进服务和提高满意度。评估的具体内容包括心理咨询服务、心理健康教育、心理危机干预等。

3. 学生心理健康素养的评价

高等教育机构需要评价学生的心理健康素养，包括学生对心理健康问题的认识、自我调节能力、情绪管理能力等方面。评价的结果有助于教师为学生提供有针对性的心理健康教育和指导。

4. 心理健康教育的评价

高等教育机构需要评价心理健康教育的内容、形式和效果，以便不断完善教育内容和提高教育效果。评价的具体内容包括心理健康教育的主题、讲师的专业能力和教学方法、学生反馈等方面。

（五）学生综合评价

学生综合评价是通过对学生的学业表现、学习态度、综合素质、社会实践等方面进行评价，全面了解学生的学习和发展情况，为教育教学改进提供重要参考。以下是学生综合评价的详细内容：

1. 学业表现评价

学业表现评价主要包括学生成绩、作业完成情况、课堂表现等方面。通过对学生成绩的评价，可以了解学生的学习情况和掌握程度；通过对作业完成情况的评价，可以了解学生对课程的掌握程度和能力水平；通过对课堂表现的评价，可以了解学生对课程内容的理解和应用能力。

2. 学习态度评价

学习态度评价主要包括学生的学习动力、学习方法、学习态度等方面。通过对学生学习动力的评价，可以了解学生是否积极主动地参与学习，是否具有自主学习的能力；通过对学生学习方法的评价，可以了解学生的学习方法是否科学、高效；通过对学生学习态度的评价，可以了解学生对学习的态度是否积极，是否认真负责。

3. 综合素质评价

综合素质评价主要包括学生的思想道德、科学文化素养、身心健康等方面。通过对学生综合素质的评价，可以了解学生的综合素质水平和发展情况，为学生的全面发展提供教育参考。

4. 社会实践评价

社会实践评价主要包括学生的社会实践活动、社会责任意识、创新创业能力等方面。通过对学生社会实践活动的评价，可以了解学生参与社会实践活动的情况和表现；通过对学生社会责任意识的评价，可以了解学生对社会的责任感和义务感；通过对学生创新创业能力的评价，可以了解学生创新创业的能力和素质。

三、教师评估

教师评估是评价教师教学质量的重要手段。通过对教师的教学质量、科研成果、学生评价等方面进行评估，为教师提供绩效激励和培训需求，以促进教学改进、提高教学质量与教师发展。

（一）教学质量评估

教学质量评估主要从以下几个方面进行：

教学方法。评估教师的教学方法是否灵活多样、深入浅出，是否符合学生的认知特点和学习需求。

教学内容。评估教师的教学内容是否丰富、准确、有针对性，是否能够引导学生深入思考和理解知识。

教学效果。评估教师的教学效果是否明显、有效，学生是否能够掌握知识和技能，是否能够有效地提升学生的综合素质。

教学评价。评估教师的教学评价是否合理、准确，是否能够反映教学的质量和效果。

（二）科研成果评估

科研成果评估主要从以下几个方面进行：

科研项目。评估教师是否参与了有影响力的科研项目，是否在科研领域取得了重要的研究成果。

科研论文。评估教师是否发表了高水平、有影响力的科研论文，是否能够为学科发展做出贡献。

学术会议。评估教师是否参加了有影响力的学术会议，是否能够为学科发展做出贡献。

专利成果。评估教师是否获得了高水平的专利成果，是否能够为学科发展做出贡献。

（三）学生评价

学生评价包括学生对教学质量、教学态度、教学效果等方面进行评价。学生评价的主要目的是了解教师在教学过程中的优点和不足，以便改善教学质量和教学效果。

教学质量。学生可以通过评价教师的教学内容、教学方法、教学效果等方面来评价教师的教学质量。在教学内容方面，学生可以评价教师教授的知识是否丰富、有深度、与实际应用是否紧密相关等；在教学方法方面，学生可以评价教师的教学方法是否多样化、有趣味性、有启发性等；在教学效果方面，学生可以评价教师所授课程的考试成绩、论文水平等。

教学态度。学生可以从教师的授课态度、对待学生的态度、课程安排的灵活性等方面来评价教师的教学态度。在教师的授课态度方面，学生可以评价教师的讲解是否清晰、是否耐心细致、是否有亲和力等；在教师对待学生的态度方面，学生可以评价教师是否尊重学生、关心学生、有爱心等；在教师课程安排的灵活性方面，学生可以评价教师是否能够根据学生的需求和反馈进行课程调整和改进。

教学效果。学生主要从学习成果、学习方法、学习兴趣等方面来评价教师的教学效果。在学习成果方面，学生可以评价课程对自己的知识储备和能力提升是否有帮助；在学习方法方面，学生可以评价教师是否教会了科学的学习方法和技巧、是否帮助自己养成良好的学习习惯等；在学习兴趣方面，学生可以评价教师是否能够激发自己的学习兴趣、带给自己学习的乐趣等。

第四章

高等教育教学创新理论

第一节　高等教育教学创新的概念和内涵

高等教育教学创新（以下简称教学创新）是指在传统教学的基础上，针对当今社会和学生的需求和特点，采用新的教学方法、手段、工具等，来提高教学效果和质量的过程。教学创新是一种持续不断的改进和发展，旨在促进教育的发展和改善学生的学习效果。教学创新需要从多个方面入手，如课程设计、教学方法、教学资源的开发和利用、学生评价等。教学创新的目标是提高教学效果和质量，培养学生的创新思维与实践能力，促进教育事业的发展和进步。

一、教学内容的创新

传统教学模式以教师为中心，而教学创新注重以学生为中心，通过对课程内容的挖掘和创新，使课程内容更加贴近实际、更具启发性和趣味性，以激发学生的学习兴趣和热情。

（一）传统教学模式与教学创新的比较

传统教学模式注重知识的灌输和传授，强调教师的教学作用，学生被动接受知识。而教学创新注重以学生为中心，强调学生的主体地位，让学生成为课堂的主角，学生通过自己的探究和思考，主动地构建知识结构和认知体系。传统教学模式注重知识的传授和掌握，而教学创新注重知识的应用和实践，将课堂知识和实际生活紧密联系起来，使学生能够在实践中发现问题、解决问题、提高能力。传统教学模式注重"纸上谈兵"，而教学创新注重互动交流，教师和学生之间的互动交流可以促进对知识的深度理解和巩固。

（二）教学创新的实践策略

教学创新需要教师根据学科特点、学生需求和课程目标等因素，采取一系列的实践策略。

1. 课程内容的挖掘和拓展

在传统教学中，教师只是简单地传授课本上的知识点和公式，而教学创新要求教师根据学生的实际需求和课程目标，对课程内容进行挖掘和拓展。教师可以引入课外阅读、实践探究、社会调查等活动，让学生通过自己的探究和发现，了解知识的本质与应用，从而提高学生的学习兴趣和探究能力。

2. 教学方法的创新和变革

教学创新需要教师采用更加多样化、灵活化和实效性的教学方法。教师可以采用讨论、探究、合作学习等多种教学方法，鼓励学生主动思考、自主学习，让学生成为课堂的主角。同时，教师还可以采用教育科技手段，如网络教学平台、教学软件、虚拟实验室等，以增强课堂互动和学习效果。

3. 课程设计的差异化和个性化

教学创新需要教师针对学生的不同特点和需求，设计差异化和个性化的课程内容和教学方案。教师可以采用自适应学习系统、智能化评估工具等教育科技手段，对学生的学习情况和能力进行精准评估及调整，为学生提供量身定制的教育服务和教学支持。

4. 学习环境的创新和优化

学习环境是学生学习的重要条件之一，教学创新需要教师对学习环境进行创新和优化。教师可以打造舒适、开放、有趣的学习环境，营造积极、愉悦的学习氛围，让学生感受到学习的乐趣和意义。

二、教学方法的创新

教学方法是教学活动的核心，传统的教学方法主要是讲解、板书和讲义等，而教学创新注重多种教学方法的融合和创新，如案例教学、问题教学、互动教学、实验教学、场景式教学等，通过采用不同的教学方法，促进学生的深度思考、独立思考和创造性思维，提高学生的综合素质和能力。

（一）案例教学

案例教学是一种以案例为基础的教学方法，通过引入真实的案例来帮助学生理解知识与解决问题。案例教学不仅可以帮助学生了解知识应用于实际和解决实际问题的方法，还可以培养学生分析思考和解决问题的能力。案例教学的重点是让学生通过分析和解决案例，发现问题和解决问题的方法，从而更好地掌握和应用知识。

1. 案例教学的实施步骤

案例教学的实施步骤：第一，选择案例。教师根据教学目标和课程内容，选择一个具有代表性、典型性的案例，以引导学生分析与解决问题。第二，提出问题。教师通过提出问题，引导学生思考和探究案例，帮助学生理解知识与解决问题。第三，分析案例。学生根据案例内容，分析案例中的问题和解决方法，探讨问题产生的原因与影响。第四，解决问题。学生在分析案例的基础上，通过讨论与思考，提出解决问题的方法和措施，从而达到解决问题及掌握知识的目的。第五，总结反思。学生和教师共同总结案例教学的效果和方法，反思案例教学的不足与改进方案。

2. 案例教学的优点

案例教学的优点：第一，案例教学具有真实性和典型性，可以帮助学生更好地理解知识和应用技能；第二，案例教学可以培养学生分析思考和解决问题的能力，提高学生的学习兴趣与探究能力；第三，案例教学可以帮助学生将课堂学习和实际生活相结合，从而更好地理解知识与应用技能；第四，案例教学可以激发学生的学习兴趣和求知欲，提高学生的学习动机与探究能力。

3. 案例教学的不足

案例教学的不足：第一，案例教学要求教师具备丰富的案例库和案例分析能力，教师需要花费大量的时间和精力进行案例教学的准备与实施工作；第二，案例教学要求学生具备一定的基础知识和分析能力，否则学生很难理解案例内容和分析方法；第三，案例教学需要教师和学生之间的密切互动和沟通，否则学生很难获得有效的学习效果。

在实施案例教学时，教师需要根据教学目标和学生的实际情况，选择合适的案例和实施方法，注重教师和学生之间的互动和沟通，从而达到更好的教学效果。

（二）问题教学

问题教学是一种以问题为导向的教学方法，通过提出问题来引导学生思考和探究知识。问题教学的重点在于让学生通过探究问题,学习知识和解决问题的方法。问题教学可以激发学生的学习兴趣和求知欲,增强学生的学习动力和探究能力。

1. 问题教学的实施步骤

问题教学的实施步骤:第一,提出问题。教师提出一个或多个开放性的问题,引导学生思考和探究。第二,探究问题。学生在教师的引导下,探究问题的背景、原因、影响等,从不同角度分析问题。第三,提出解决方案。学生根据探究结果,提出解决问题的方案和措施,探讨不同的解决方法并评估其优点与不足。第四,实施方案。学生在教师的指导下,实施解决问题的方案,从中获取经验和教训。第五,总结反思。学生和教师共同总结问题教学的效果和方法,反思问题教学的不足与改进方案。

2. 问题教学的优点

问题教学的优点:第一,问题教学可以激发学生的学习兴趣和积极性,增强学生的自主学习能力;第二,问题教学可以培养学生的思维能力、创造力和解决问题的能力,提高学生的学习效果与探究能力;第三,问题教学可以让学生在实际问题中学习知识,更好地将课堂学习和实际应用相结合;第四,问题教学可以让学生通过自己的探究和思考,不断提高解决问题的能力,增强学生的自信与成就感。

3. 问题教学的不足

问题教学的不足:第一,问题教学要求教师具有丰富的知识和专业能力,以及探究问题与引导学生的能力,需要教师花费大量的时间和精力进行教学准备及实施工作;第二,问题教学要求学生具备一定的基础知识和思维能力,否则学生很难理解问题并提出解决方案。

(三) 互动教学

互动教学是一种强调师生互动和学生互动的教学方法,通过多种形式的互动,如小组讨论、教师提问、同伴评价等,来促进学生的参与和交流。互动教学可以帮助学生更好地理解知识和掌握技能,同时也可以提高学生的思维能力与表达能力。

1. 互动教学的实施步骤

互动教学的实施步骤：第一，提出问题。教师提出一个或多个开放性的问题，引导学生思考和探究。第二，学生互动。学生在教师的引导下进行自主探究和交流讨论，相互交流、分享自己的观点与想法。第三，教师点拨。教师在学生的探究和交流中，进行必要的点拨和指导，帮助学生更好地理解与应用知识。第四，反思总结。学生和教师共同总结互动教学的效果和方法，反思互动教学的不足及改进方案。

2. 互动教学的优点

互动教学的优点：第一，互动教学可以激发学生的学习兴趣和积极性，提高学生的学习效果与探究能力；第二，互动教学可以促进学生思维发展和交流能力的提升，增强学生的自主学习和自我评价能力；第三，互动教学可以让学生更好地理解和应用知识，提高学生的综合素质与实际应用能力；第四，互动教学可以增强教师和学生之间的互动和合作，提高教师和学生之间的情感联系和互动质量。

3. 互动教学的不足

互动教学的不足：第一，互动教学要求教师具有较高的教学能力和探究能力，教师需要花费大量的时间与精力进行教学准备和实施工作；第二，互动教学要求学生具备一定的基础知识和思维能力，否则学生很难理解问题并参与互动；第三，互动教学需要教师在教学过程中控制好学生的分组和合作形式，避免出现分工不明、合作效果不佳等问题。

（四）实验教学

实验教学是一种通过实验来帮助学生理解知识和解决问题的教学方法。实验教学不仅可以帮助学生深入了解知识的本质和应用，而且可以培养学生的实验技能与科学精神。实验教学的重点在于让学生通过实践，发现问题并找到解决问题的方法。

（五）场景式教学

场景式教学是一种以场景为背景的教学方法，通过构建真实的学习场景，让学生在场景中探究知识和解决问题。场景式教学可以帮助学生将课堂学习和实际生活相结合，从而更好地理解知识和应用技能。

1. 场景式教学的实施步骤

场景式教学的实施步骤：第一，场景的创设。教师根据教学目标和学生的实际需求，设计和构建符合学生兴趣与实际的学习场景，如实验室、博物馆、工厂等。第二，场景的引入。教师向学生介绍场景的背景和目的，让学生了解场景的重要性与实际应用价值。第三，学生的参与。学生在场景中进行实际操作和探究，了解场景的特点与应用技能，如进行实验操作、进行调查研究、观察和体验等。第四，教师的指导。教师在场景中进行必要的指导和解释，帮助学生更好地理解并应用场景中的知识与技能。第五，场景的反思。教师和学生共同总结场景式教学的效果，反思场景教学的不足和改进方案。

2. 场景式教学的优点

场景式教学的优点：第一，场景式教学可以帮助学生将课堂学习和实际生活相结合，从而更好地理解知识与应用技能；第二，场景式教学可以激发学生的学习兴趣和热情，增强学生探究与发现知识的欲望；第三，场景式教学可以让学生在实际操作及探究中深入理解和掌握知识与技能，提高学生的实践能力和应用能力；第四，场景式教学可以增强教师与学生之间的互动与合作，提高教学的效果与教学质量。

3. 场景式教学的不足

场景式教学的不足：第一，场景式教学要求教师具备丰富的教学经验和场景设计能力，教师需要花费大量的时间与精力进行教学准备和实施工作；第二，场景式教学要求学生具备一定的实践操作和探究能力，否则学生很难理解场景的内容及应用技能；第三，场景式教学需要教师和学生之间密切互动和沟通，否则学生很难获得良好的学习效果；第四，场景式教学的场景选择和设计需要与课程目标及教学内容相匹配，否则学生难以将所学知识与实际应用相结合；第五，场景式教学的场景设置需要具有一定的安全性和可控性，避免实验操作不当和事故的发生。

总的来说，场景式教学是一种创新的教学方法，具有许多优点，但也需要教师和学生共同努力，才能实现教学目标和取得良好的教学效果。

以上五种教学方法可以在教学中灵活运用，例如，将案例教学和问题教学结合，通过分析和解决实际问题的案例来帮助学生掌握知识与培养解决问题的能力。在互动教学中，教师可以通过多种形式的互动，如游戏化教学、互动课堂等，让学生更加主动地参与和体验学习过程，从而提高学生的学习兴趣与学习效果。在实验教学中，教师可以将实验和科技手段相结合，引入虚拟实验室、增强现实技术等，让学生在虚拟环境中进行实验探究，从而更加安全、高效、有趣地完成实验任务。在场景式教学中，教师可以根据不同学科和课程内容，选择合适的场景背景和情境，营造真实的学习氛围，让学生在场景中探究知识和解决问题，从而达到更好的教学效果。教师还可以通过多种形式的合作学习，如小组讨论、项目合作等，促进学生之间的互相学习和交流，从而实现知识的共享和学习效果的最大化。

总之，教学方法的创新应该是多样化的，教师需要根据不同的教学目标和学科特点，选择适合的教学方法和教学手段，从而提高学生的学习兴趣和学习效果，实现教学创新的目标。

三、教育环境的创新

教育环境是教育活动的重要条件，传统教育环境主要以课堂为主，而教学创新注重多元化的教育环境，如在线教育、远程教育、移动教育等，通过不同的教育环境，促进教育活动的发展和创新。教育环境创新是教学创新的一个重要方面，它可以通过使用新技术和新工具，设计新的教学空间和教学方法，创造出更加丰富、灵活，互动性更高的教育环境，提高教学效果和质量。

首先，教育环境创新可以提供更加多元化的学习场景。传统的课堂教学虽然有着一定的优势，但难以满足学生不同的学习需求和兴趣。通过在线教育、远程教育、移动教育等多元化的教育环境，可以让学生在更加丰富、灵活的学习场景中学习，提高学生的学习兴趣和参与度。

其次，教育环境创新可以促进学生自主学习。在传统的教学模式中，教师通常是主导者，学生则是被动接受者。而在多元化的教育环境中，学生可以自主选择学习内容和学习方式，掌握学习节奏，提高学习的自主性和主动性。

再次，教育环境创新可以提高教学效果和质量。新的教育技术和工具的应用，可以帮助教师更好地设计和组织教学活动，提高教学效率与质量。例如，使用在线课程平台可以方便教师上传和管理教学资源，让学生更方便地获取学习资料；使用虚拟现实技术可以帮助学生更直观地理解抽象的概念，提高学习效果。

最后，教育环境创新可以促进教学改革和创新。教育环境的改变可以推动教学模式及教学方法的改变，促进教学创新与改革。例如，通过在线教育和远程教育，可以打破传统的时间和空间限制，让教学更加灵活和自由；通过移动教育，可以让学生随时随地进行学习，提高学习效率和质量。

第二节 高等教育教学创新的理论基础

高等教育教学创新的理论基础包括教育学、心理学、社会学等学科的相关理论。下面简单介绍几个重要的理论。

一、构建主义学习理论

建构主义学习理论认为，学习是一个个体与环境相互作用、主观构建知识的过程。在教学中，教师应该提供学习环境和资源，引导学生积极探究和构建知识。因此，在教学创新中，应该注重以学生为中心的教学，提倡探究式、问题式学习。

（一）建构主义学习理论的概念

建构主义学习理论是一种教育学理论，强调学习者通过自己的经验和知识构建新的理解与知识。建构主义学习理论认为，学习者是积极主动的，通过与他人互动和思考来构建他们自己的知识结构，这种过程是个人化和主观的，而非客观的。

建构主义学习理论的核心认为学习是一个积极的、动态的过程，学生应该被视为知识的创造者而不是知识的消费者。这意味着学生需要通过个人经验、反思和交互行为来建立自己的知识结构，而不是单纯地被教授知识。因此，建构主义学习理论主张学生应该参与到学习过程中，通过问题解决、探究和合作来建立知识结构。

另外，建构主义学习理论认为，学习者的背景、经验和思考方式都是独特的，因此每个学习者在学习和理解过程中的结果都会不同，因而建构主义学习理论主张学生积极参与学习过程，以便能够建立个人化的知识结构。

在教学实践中，建构主义学习理论主张教师应该提供开放式的学习环境和丰富的学习资源，鼓励学生自主探究和创造。教师应该担任指导者和支持者的角色，引导学生思考和反思，以便他们能够建立更为深入的理解与知识结构。

总之，建构主义学习理论认为学生需要在教师的引导下，通过个人经验、反思和交互行为来建立自己的知识结构。这一理论对教育教学实践的影响是强调学生在学习过程中的积极参与和主体地位，促进学生发展个人化的知识结构，为学生的发展提供更为丰富的教育体验与成长机会。

（二）教学创新中的建构主义学习理论

教学创新是教育改革的重要方向，是为了适应不断变化的社会需求和教育发展趋势而进行的一系列教学实践和改革。在当前信息化和数字化的背景下，建构主义学习理论成为教学创新的重要理论支撑之一。

1. 建构主义学习理论的教学原则

（1）学生的自主性和积极性。建构主义学习理论认为学生是主体，教师应该尊重学生的自主性和积极性，为他们提供合适的学习环境和资源。学生应该成为知识的建构者，通过主动探究、实践和发现等方式来获得知识与技能。

（2）社交性和合作性。建构主义学习理论强调社交性和合作性，认为学习是一种社交过程，学生需要与他人交流、合作、分享知识及经验。教师应该创建一个有利于学生互动和合作的环境，为学生提供多种合作的机会及方式。

（3）知识的建构和转化。建构主义学习理论强调知识的建构和转化，认为学习是一个建构知识的过程，学生需要将新知识和经验与已有的知识结构相联系，不断转化和重构已有的知识。

（4）知识的情境化和个性化。建构主义学习理论认为知识是情境化和个性化的，学生的经验和背景不同，对知识的理解和应用也不同。教师应该根据学生的背景与需求，为他们提供符合其个性化需求的学习方式和内容。

2. 建构主义学习理论在教学创新中的应用

（1）建构主义教学设计。建构主义教学设计强调学生的自主性和积极性，通过让学生探究、发现和解决问题来促进自己的学习。在教学设计上，建构主义学习理论强调学生的经验和背景对学习的影响，注重让学生自己构建知识与概念，并通过交流和合作促进学生之间的协作和共建。

例如，在语言教学中，教师可以采用任务型教学的方式，让学生通过实际的语言运用任务来掌握语言知识和技能。在任务完成的过程中，教师可以引导学生提出问题、研究解决方案，并进行讨论和反思。这种教学设计可以激发学生对学习的兴趣与主动性，帮助学生主动构建自己的语言知识和技能。

（2）以学生为中心的教学模式。建构主义学习理论认为学习是一种主动的过程，学生应该成为学习过程的主导者。因此，建构主义学习理论提倡学生中心的教学模式，即把学生放在学习过程的核心位置，让学生参与到教学的各个环节中。

例如，在数学教学中，教师可以让学生自己发现和解决问题，提高学生的思维能力和创新能力。在以学生为中心的教学模式下，教师不再是传统意义上的知识传授者，而是变成学生学习的引导者和协助者，为学生提供必要的指导和支持。

（3）跨学科的教学方式。建构主义学习理论认为知识是跨学科的，学习应该以问题为导向，从不同学科和领域中汲取知识，促进学科之间的交叉和融合。

例如，在社会学教学中，教师可以让学生从多个角度探究一个社会问题，涉及历史、政治、经济、文化等多个学科领域。这种跨学科的教学方式可以激发学生的兴趣和创造力，促进学生对知识的综合理解和应用。

（4）基于技术的教学创新。建构主义学习理论认为技术是支持教学创新的重要工具，教师应该善于利用现代技术来促进学生的学习。

例如，在英语教学中，教师可以利用电子白板、多媒体课件、网络资源等技术工具，让学生更加直观与生动地了解和掌握英语知识和技能。同时，学生也可以通过网络课程、在线学习平台等技术工具，更加灵活和自主地进行学习。

在实践中，建构主义学习理论注重以学生为中心的教学模式，要求教师将学生的需求和兴趣放在首位，采用多种技术手段与教学策略，让学生在教学过程中不断地发现、探究和解决问题，从而提高学生的学习兴趣与参与度，激发学生的创造性思维和创新能力。

（5）教学评价的变革。建构主义学习理论认为，评价是学习的重要组成部分，但传统的评价方法往往只注重结果而忽略过程，也容易让学生陷入应试教育的怪圈。因此，在教学创新中，建构主义学习理论强调评价的变革，注重以学生为中心的评价方法，关注学生的学习过程和思维方式，以及学生在学习过程中的表现与体验。

例如，在语文教学中，教师可以采用学生自评、互评等方式，让学生对自己的学习过程和成果进行评价，并与同学展开交流与讨论，从而促进学生的合作学习和思维发展。

总体来说，建构主义学习理论强调学生的自主性、探究性、合作性，注重教学的过程和思维方式，以及评价的变革与创新。在教学创新中，建构主义学习理论可以为教师提供一种新的教学思路和方法，帮助学生更好地发展自身的能力与素质，实现全面发展。

二、情境教学理论

情境教学理论认为学习应该在有意义的情境中进行，以提高学生的学习效果。教学应该把学习任务置于具体、真实、情境化的学习环境中，通过学生在情境中的活动，促进学生对所学内容的理解和应用。

（一）情境教学理论的概念

情境教学理论（Situated Learning Theory）是美国教育学家 Lave 和 Wenger 在 20 世纪 80 年代初提出的一种学习理论。情境教学理论认为，人类的学习是在真实世界中通过参与活动和社会实践而获得的，而非单纯依靠书本、课堂等抽象的知识传授获得的。在情境教学中，学生通过参与真实世界中的社会实践活动，利用身边的资源和工具来获取新的知识及技能，从而实现知识与实践的有机结合。同时，情境教学理论也强调社会、文化、环境对学习的影响，学生在参与活动时与其他人相互交流、协作，不断地发展和完善自己的学习策略和技能，从而成为一个有能力、有经验的社会实践者。

情境教学理论的核心思想是将学习与实践紧密结合，将学习放在真实的环境中进行。情境教学主张学生参与实践活动，通过实践来获得知识、技能和经验，从而更好地理解和应用所学内容。情境教学重视学生的主动性、积极性和创造性，注重学生的实践能力和解决问题的能力，强调知识与实践的相互依存性和相互促进性。

（二）教学创新中的情境教学理论

情境教学理论是强调学习环境对学习成果的影响。情境教学理论认为，学生在学习过程中所处的环境对学习的影响是很大的，学生之所以能够更好地理解和掌握知识，是因为他们将所学的知识与现实情境联系起来，形成了一种"情境学习"的效应。

在教学创新中，情境教学理论可以应用于设计和实施教学活动，以提高学生的学习成果。具体而言，情境教学理论的应用包括以下几个方面：

1. 设计具有情境性的教学活动

情境教学理论认为，学生在具有情境性的学习环境中更容易理解和掌握知识，因此，教师应该设计具有情境性的教学活动，帮助学生将所学知识与现实情境联系起来，从而使学生更好地理解和应用知识。

例如，在语文教学中，教师可以选择与学生生活经验相关的话题或情境进行教学，如让学生通过观察、描述、分析等方式，了解一处自然风光、一座古建筑等。这样可以激发学生的兴趣和热情，使学生更好地理解和应用所学知识。

2. 提供真实的情境

情境教学理论认为，学生在真实的情境中学习效果更佳，因此，教师应该尽可能地提供真实的情境，使学生能够更好地理解和应用所学知识。

例如，在历史教学中，教师可以组织学生进行实地考察或观察，如参观历史遗址、博物馆等，以便让学生更加直观地了解历史事件和人物的背景及历史环境，更好地理解和应用所学知识。

3. 倡导学生合作学习

情境教学理论认为，学生在合作学习中更容易理解和掌握知识，因此，教师应该倡导学生之间的合作学习，让学生在合作学习中共同探究问题，从而更好地理解和应用所学知识。

例如，在科学教学中，教师可以组织学生进行小组合作，让学生在合作中共同研究和解决科学问题，提高学生的探究能力和科学素养。

4. 注重情感因素的影响

情境教学理论认为，情感因素对学习的影响非常重要，教师应该关注学生的情感需求，营造积极的学习情境，提高学生的情感投入和学习热情。

例如，在语文教学中，教师可以通过让学生朗诵诗歌、朗读文章等方式，引导学生感受文字的美感和情感，增强学生对语文的学习兴趣和热情。

5. 强调学习与生活的联系

情境教学理论认为，学习应该与生活相结合，让学生将所学的知识应用到现实生活中，提高学生的学习动机和学习效果。

例如，在社会科学教学中，教师可以引导学生通过实地考察、实践活动等方式，让学生了解社会现象和问题，探究问题的解决方法，增强学生的社会认知和实践能力。

6. 重视反思和评价

情境教学理论认为，反思和评价对学习的巩固和提高非常重要，教师应该帮助学生进行反思和评价，让学生发现自己的不足和进步之处，从而提高学习效果和学习质量。

例如，在艺术教学中，教师可以引导学生反思自己的作品，评价自己的艺术表现，发现自己的不足和进步之处，提高学生的艺术素养和审美能力。

情境教学理论作为一种教学创新理论，强调了学习者的主动性和积极性，注重学习与生活的联系，重视反思和评价等方面，为教育教学的创新提供了重要的理论基础及指导思路。

三、智能多媒体学习理论

智能多媒体学习理论是由人工智能、计算机科学、认知心理学等学科共同构建的一种学习理论。它认为，多媒体技术和人工智能技术可以用来建立学习环境，提高学生的学习效果。在教学中，教师应该利用智能多媒体技术，为学生提供个性化、交互式、情境化的学习环境，提升学生的学习兴趣和能力。

（一）智能多媒体学习理论概述

智能多媒体学习理论是由美国教育心理学家理查德·E. 梅耶（Richard E. Mayer）于1996年提出的，主要用于研究多媒体教学中的认知过程和学习效果。该理论强调将多种媒体形式（如文字、图像、音频、视频等）结合起来，通过智能化设计和组织，创造出有利于学习者深度理解和记忆的学习环境和学习体验。智能多媒体学习理论的主要观点包括以下几个方面：

1. 双通道处理理论

人脑通过两个渠道来处理信息，即视觉和听觉。视觉通道主要处理图像和空间信息，听觉通道主要处理语言和时间信息。通过在多媒体教学中融合文字、图像、音频和视频等多种媒体形式，可以刺激和利用学习者的双通道信息处理能力，提高学习效果。

2. 认知负荷理论

认知负荷是指学习者在处理信息时所需要的心理资源。智能多媒体学习理论强调，在教学过程中应该尽可能地降低学习者的认知负荷，让学习者更加专注于学习的本质，从而提高学习效果。具体而言，可以通过减少无关信息的干扰、控制信息的呈现方式、优化信息的组织结构等方式来降低认知负荷。

3. 多模式学习理论

多模式学习是指通过多种方式来表达同一概念或信息。智能多媒体学习理论认为，将多种媒体形式结合起来，可以提供更多元化的学习体验，满足不同学习者的学习需求和习惯，从而提高学习效果。

（二）智能多媒体学习理论在教学创新中的应用

1. 多媒体教学的设计和开发

智能多媒体学习理论提出了多种教学设计和开发的原则，如减少冗余信息、增加心理相关性、利用多模式学习等。这些原则为教师和设计师提供了有益的指导，能够帮助他们更好地设计和开发具有智能化、多媒体化特点的教学资源与教学环境，提高教学效果。

例如，在语文教学中，教师可以设计一份多媒体教学课件，将语文知识点以文字、图片、音频等多种形式呈现给学生，同时还可以利用智能化技术，如语音识别、自然语言处理等，为学生提供个性化的学习体验，让学生更好地掌握语文知识和技能。

2. 个性化学习的实现

智能多媒体学习理论提出了个性化学习的概念，即针对不同学生提供不同的学习资源和学习环境。通过智能化技术，可以实现对学生学习过程的自动化监测和分析，从而为学生提供个性化的学习支持和指导。

例如，在数学教学中，教师可以利用智能化技术，如数据挖掘、机器学习等，对学生的学习数据进行分析，为学生提供个性化的学习计划和学习建议，帮助学生更好地掌握数学知识和技能。

3. 智能化评估和反馈

智能多媒体学习理论提出了智能化评估和反馈的概念，即通过智能化技术，实现对学生学习过程的自动化评估与反馈，帮助学生更好地掌握学习成果和提高学习效果。

例如，在英语教学中，教师可以利用智能化技术，如自动语音识别、自然语言处理等，对学生的口语和写作进行评估与反馈，从而帮助学生更好地提高英语口语和写作水平。

4. 虚拟化学习环境的创设

智能多媒体学习理论提出了虚拟化学习环境的概念，即通过虚拟化技术，为学生提供与现实环境相似的学习场景和学习体验，从而帮助学生更好地理解和应用所学知识。

例如，在历史教学中，教师可以利用虚拟化技术，建立一个虚拟的历史场景，让学生在其中探究历史事件和人物，体验历史文化和风俗，从而使学生更好地理解和掌握历史知识。

5. 移动化学习的推广

智能多媒体学习理论提出了移动化学习的概念，即通过移动设备，如智能手机、平板电脑等，随时随地展开学习。移动化学习的出现，不仅为学习者提供了更加便捷的学习方式，也为教师提供了更加灵活的教学工具和方式。

在教学创新中，教师可以结合智能多媒体学习理论和移动化学习的概念，设计和开发适合移动设备的多媒体教学资源和课件，让学生随时随地通过移动设备进行学习和交流。同时，教师也可以通过移动设备随时了解学生的学习情况和反馈，及时调整和改进教学策略，提高教学效果。

移动化学习的推广还可以促进教学资源的共享和交流。学生和教师可以通过移动设备随时随地访问教学资源库和学习社区，获取和分享教学资源及知识。这不仅可以促进学生的自主学习和探究，而且可以促进教师之间的教学经验与教学资源的共享，提高教学质量和效率。

总之，智能多媒体学习理论的应用和推广，为教学创新提供了有益的支持和指导。教师可以根据该理论提出的原则和方法，设计和开发更加智能化、多媒体化的教学资源和环境，同时结合移动化学习的概念，为学生提供更加便捷和灵活的学习方式与交流平台，提高教学效果和质量。

四、教育信息化理论

教育信息化理论是一种基于信息技术的教育理论，它主要关注如何利用现代信息技术来促进教育的发展和创新。教育信息化理论注重教学过程的数字化、智能化、网络化和个性化，旨在提高教育教学的效率与质量，满足不同学生的学习需求和提高他们的学习成效。

教育信息化理论对教学创新具有重要意义，可以帮助教师更好地利用信息技术来推进教学改革和创新。下面是教育信息化理论在教学创新中的应用。

（一）数字化教学资源的开发和应用

教育信息化理论认为，数字化教学资源是教学创新的重要手段之一。教师可以借助数字化技术将教学内容和教学方法数字化，开发及使用各种形式的数字化教学资源，如电子课件、网络课程、数字图书馆、虚拟实验室等，为学生提供多样化的学习资源和学习环境，实现教育教学的数字化与智能化。

1. 数字化教材的开发和应用

数字化教材是指将传统教材通过数字化技术进行转化，制作成具有数字化特点的教材，包括文本、图像、音频、视频等多种媒体形式。数字化教材的开发和应用可以提高教学效果和教学质量，使学生更加直观和生动地了解并掌握知识。

数字化教材的开发过程包括以下几个方面：①教材内容的规划和编写。数字化教材的开发首先需要对教材内容进行规划和编写，确定教材的主题、目标和内容，确保教材内容符合课程的要求和学生的需求。②教材制作的媒体形式选择。数字化教材的制作需要选择合适的媒体形式，包括文本、图像、音频、视频等。要根据教材的内容和教学目的来选择媒体形式，以达到最佳的教学效果。③教材制作的软件工具选择。数字化教材的制作需要借助各种软件工具，包括文字处理软件、图像处理软件、音频处理软件、视频处理软件等。要根据教材的内容和教学目的来选择软件工具，以达到最佳的教学效果。

数字化教材的应用可以通过多种方式实现，包括在线阅读、下载、打印等。数字化教材的应用不仅可以方便学生随时随地地学习，还可以实现教学资源共享，提高教学效率和质量。

2. 数字化课件的开发和应用

数字化课件是指利用数字化技术制作的教学课件，包括多媒体课件、互动课件等。数字化课件的开发和应用可以提高教学效果与教学质量，让学生更加直观和生动地了解并掌握知识。数字化课件的开发和应用主要包括以下几个方面：

（1）利用多媒体技术制作课件。教师可以利用多媒体技术制作数字化课件，包括图片、音频、视频等元素，使课件更加直观、生动和具有感染力。教师通过多媒体课件可以实现互动式教学，提高学生的学习积极性和参与度。

（2）个性化定制课件。教师可以根据自己的教学特点和学生的学习需求，定制个性化的数字化课件。比如，对于基础较薄弱的学生，可以制作更为详细和易懂的课件，帮助学生理解与掌握知识。

（3）利用网络资源。教师可以利用互联网的资源，获取各种形式的数字化教学资源，如在线课程、学习视频、电子书等。同时，教师还可以利用网络平台，与学生进行在线互动，解答学生的疑问和问题。

（4）教学管理与评估。数字化课件的开发和应用可以为教学管理和评估提供有力的支持。通过数字化课件的记录和分析，可以了解学生的学习情况及进度，帮助教师进行个性化教学和评估。

（5）开放式教学资源的共享。教师可以将自己制作的数字化课件和整理的教学资源进行共享，与其他教师分享自己的教学经验和教学成果。同时，教师也可以借鉴其他教师共享的教学资源或从中获取灵感，不断完善与提高自己的教学水平。

总之，数字化课件的开发和应用，为教学创新提供了强有力的支持。通过数字化技术，教师可以更加直观、生动、多样化地展示教学内容，提高学生的学习兴趣和积极性，促进学生综合能力和素质的提高。

（二）网络化教学环境的构建和应用

网络化教学环境是指教师和学生利用网络技术和平台建立起来的虚拟教学空

间，具有互动性、共享性和多样性等特点。网络化教学环境的构建和应用可以为教学创新提供更加广阔的空间与更加丰富的资源，提高教学的质量和效果。

1. 网络化教学环境的构建

网络化教学环境的构建需要借助现代信息技术，如网络技术、多媒体技术、数据库技术等，以及相应的软件平台和硬件设备。教师需要根据教学需求和学生特点，选择合适的网络化教学环境，建立虚拟教学空间，实现教学资源的共享和交流。

2. 网络化教学环境的应用

网络化教学环境的应用包括线上教学、线下教学和混合教学三种模式。线上教学是指完全基于网络的教学模式，包括网络直播、网络讨论、网络测试等。线下教学是指完全基于传统教学模式的教学模式，包括课堂教学、实验教学、讲座等。混合教学则是将线上教学和线下教学相结合，灵活组织教学活动，达到教学效果的最大化。

网络化教学环境的应用还包括在线学习、远程教育和开放教育等方面。在线学习是指学生通过网络平台进行学习活动，包括自主学习和教师辅助学习。远程教育是指通过远程通信技术，将教育服务传递到远离教育资源的地区，实现教育公平和资源共享。开放教育则是指开放学习资源，提供免费的学习机会，让更多的人参与到教育活动中。

网络化教学环境的应用还可以推动教学资源的共享和协作，促进教育资源的全球化，为教育全球化和可持续发展做出贡献。

（三）智能化教学管理和评估

智能化教学管理和评估是指利用信息技术及人工智能等先进技术，对教学过程和教学效果进行智能化的管理和评估，从而提高教学质量和效果。具体来说，智能化教学管理和评估包括以下几个方面：

1. 教学管理的智能化

教学管理的智能化主要包括课堂管理、学生管理、教师管理等方面。教师可以通过教学管理系统实时监控学生的学习情况、学习进度和学习质量，对学生进行个性化指导和管理。同时，教学管理系统也可以为教师提供便利的教学管理工具，如课件制作、作业批改、考试管理等，从而提高教学效率和管理水平。

2. 教学评估的智能化

教学评估的智能化主要包括课堂评估、学生评估和教师评估等方面。教学评估系统可以通过自动化和数据分析技术，实现对教学过程和效果的智能化评估，为教学质量提供客观的评价标准。同时，教学评估系统也可以为学生提供个性化的学习反馈和建议，帮助学生更好地掌握知识与提高学习效果。教学评估系统还可以为教师提供教学改进的建议和方向，促进教学创新与提高教学质量。

3. 教学资源的智能化管理和应用

教学资源的智能化管理和应用主要包括数字化教学资源的管理和智能化的应用。教师可以通过教学资源管理系统管理和组织数字化教学资源，包括课件、视频、音频、文献等，从而提高教学资源的利用效率和质量。同时，教学资源管理系统还可以为教师和学生提供智能化的教学资源推荐与匹配服务，根据学生的学习习惯和需求，为其提供个性化的教学资源推荐与使用建议。

智能化教学管理和评估的发展，将为教育领域带来更多的机遇和挑战。通过合理利用信息技术和人工智能等先进技术，提高教学质量和效果，促进教育的现代化及可持续发展。

（四）个性化教学模式的探索和应用

教育信息化理论认为，个性化教学模式是教学创新的重要方向之一。个性化教学模式通过利用信息技术，为不同学生提供个性化的学习内容、学习方式和学习评估方式，提高学生的学习兴趣与主动性，促进学生的学习成就和发展。

1. 个性化教学模式的概念

个性化教学模式是指根据学生的个体差异和需求，针对不同学生采取不同的教学方法、教学资源和教学评估，以满足学生的个性化学习需求，提高学生的学习效果和学习兴趣。

2. 个性化教学模式的优势

（1）提高学生的学习效果。个性化教学模式能够根据学生的个体差异和需求，采取不同的教学方法和资源，满足学生的学习需求，增强学生的学习效果。

（2）增强学生学习兴趣。个性化教学模式能够根据学生的兴趣和喜好，为学生提供符合其兴趣的教学资源和活动，增强学生学习的积极性与兴趣。

（3）提高教学质量。个性化教学模式能够为教师提供更多的教学信息和反馈，帮助教师更好地了解学生的学习状况及需求，提高教学质量。

3. 个性化教学模式的实施步骤

（1）了解学生的个体差异和需求。教师需要了解学生的个体差异和需求，通过问卷调查、个别面谈、学生档案等方式，收集学生的个性化学习信息，包括学习风格、学习兴趣、学习能力等方面。

（2）制订个性化教学计划。教师根据学生的个性化学习信息，制订个性化教学计划，包括教学目标、教学方法、教学资源、教学评估等方面，为学生提供符合其需求的教学内容和方式。

（3）提供多样化的教学资源。教师需要提供多样化的教学资源，包括数字化教学资源、实验教学资源、课外拓展教学资源等，满足学生的不同学习需求和兴趣。

（4）采用多元化的教学方法。教师需要采用多元化的教学方法，包括讲授、探究、讨论、实践等方式，为学生提供不同的学习体验和机会，激发学生的学习兴趣和积极性。

（5）个性化评估和反馈。个性化评估和反馈是个性化教学模式的重要组成部分。在传统的教学模式下，教师通常采用同一种评估方式对所有学生进行评估，忽视了学生的个体差异和学习特点；在个性化教学模式下，教师需要根据每个学生的学习情况和个体差异，采用不同的评估方式与反馈方式。

个性化评估可以帮助教师更加全面地了解每个学生的学习情况和学习进度，制订更为精准的教学计划和教学策略。常见的个性化评估方式包括个体化测评、多元化评估、自我评估等。例如，在语文教学中，教师可以通过学生的阅读作业、写作作业、口语表达等多种方式，对学生的语文能力进行多元化评估，从而更好地了解每个学生的学习特点和个体差异。

个性化反馈可以帮助学生更好地理解和掌握所学知识，发现和纠正学习中的问题和困难。常见的个性化反馈方式包括定向反馈、个性化辅导、学习建议等。例如，在数学教学中，教师可以根据每个学生的学习情况和学习特点，有针对性地给出不同的学习建议和辅导，帮助学生克服学习中的问题及困难。个性化教学模式的实施需要教师对每个学生进行个性化评估和反馈，充分发挥每个学生的学习潜力，提高学习效果和学习质量。

以上理论对教学创新提供了重要的指导意义，教师可以根据学科特点和学生需求，选择适合的理论引导与实践教学创新。

第三节　高等教育教学创新的关键要素和影响因素

高等教育教学创新的关键要素和影响因素对于教学创新的实施与推广具有至关重要的作用。以下是教学创新的关键要素和影响因素：

一、教学设计的质量对教学创新的影响

教学设计的质量是教学创新的关键要素。教学设计包括课程设计、教学目标的设定、教学方法的选择、教材的选用和教学评价等方面，它们的质量直接影响教学效果。教师应当根据学科性质和学生需求，设计符合实际情况的教学方案，采用科学的教学方法和教学技术，提高教学效率与质量。以下是教学设计对教学创新的影响：

教学设计能够帮助教师明确教学目标和学生需求，从而选择合适的教学内容和教学方法，提高教学的针对性和有效性。

教学设计能够提高教学的可控性和可预测性，减少教学中的失误及漏洞，优化教学效果。

教学设计能够促进教师和学生之间的互动和合作，增强教学的互动性及反馈性，从而提高教学质量。

教学设计能够鼓励教师和学生创新，注重多元化和个性化的教学方法与手段，从而提高教学的趣味性及启发性，激发学生的学习热情和创新精神。

教学设计能够促进教学评价的科学性和客观性，从而确保教学评价的准确性与有效性，为教学创新提供数据支持和依据。

总之，教学设计是教学创新的基础和保障，科学的教学设计有助于实现教学创新的目标。

二、教师的教学能力和素质对教学创新的影响

教师的教学能力和素质是教学创新成功的关键要素。教师需要具备扎实的学科知识和教学技能，掌握先进的教育理论和教育技术，灵活运用不同的教学方法和手段，充分发挥自身的创造力和想象力，在教学实践中不断积累经验，不断提高教学水平和质量。

（一）教师的教学能力对教学创新的影响

教学设计能力：教师的教学设计能力是教学创新的重要基础。教师应具备教学目标明确、教学内容丰富、教学方法多样化、教学评价科学化等方面的能力，以满足学生的学习需求和教学要求。

教学方法能力：教师应掌握案例教学、问题教学、互动教学、实验教学、场景式教学等教学方法，并应根据学科特点和学生需求，选择合适的教学方法，以提高教学效果和教学质量。

教学技术能力：教师应具备授课技巧、辅导技巧、评价技巧等教学技能。同时，教师应不断提高教学技能，以提高教学效果和教学质量。

教学管理能力：教师应具备教学管理的能力，包括课堂管理、学生管理、时间管理等。教师应善于管理课堂秩序，提高学生的学习效果和学习动机。

（二）教师的教学素质对教学创新的影响

教育理念素质：教师应具有正确的教育理念，注重学生的全面发展和人格培养。教师应注重启发性教学和探究性学习，引导学生独立思考和自主学习。

专业知识素质：教师应具备丰富的学科知识与教育教学知识，不断更新专业知识，以提高教学水平和教学质量。

人文素质：教师应具备广泛的人文素质，包括人文情怀、人文修养、人文思想等，并且应注重培养学生的人文素质和人文精神，以提高学生的思想境界与文化素养。

创新素质：教师应具备创新精神和创新能力，注重教学创新和教学研究，不断尝试新的教学方法和手段，以提高教学效果及教学质量。

人际交往素质：教师应具备良好的人际交往能力，能够与学生、家长、同事等有效沟通和合作，以建立良好的教育关系，提高教学质量和效果。

具体来说，教师的教育理念和教学态度决定了教学方法与手段的选择，专业知识和技能保证了教学内容和教学过程的质量和有效性，人文素质和创新素质保证了教育质量和教学效果的全面发展，人际交往素质保证了教师与学生、家长、同事等之间的良好关系。

总之，教师的教学能力和素质是教学创新的重要基础和关键因素。教师应不断提高自身的教学能力和素质，以适应教育教学的新变化与新要求，从而实现教学创新的目标。

三、学生的学习态度和方法对教学创新的影响

学生的学习态度和方法对教学创新的实施和推广也具有重要的影响。学生应该具备积极的学习态度和自主学习能力，掌握高效的学习方法和技能，能够根据自己的兴趣和需求选择合适的教学资源和工具，发挥自身的学习潜能，提高学习效率和质量。

（一）学生的学习态度对教学创新的影响

学生的学习态度决定了学生的学习动力和学习效果。积极向上的学习态度可以提高学习动力和学习效果，使学生更加主动、积极地参与到学习中。

学生的学习态度影响了学生的学习习惯和学习方法。学生的学习态度决定了他们是否愿意尝试新的学习方法和新的学科领域，从而影响了他们的学习习惯和方法。

学生的学习态度决定了学生是否愿意接受挑战和尝试。学生的学习态度决定了他们是否愿意接受教师的教学创新和尝试新的学习方法，从而影响了教学创新的实施与效果。

（二）学生的学习方法对教学创新的影响

学生的学习方法决定了学生的学习效率和学习效果。良好的学习方法可以提高学习效率和效果，使学生更好地掌握知识和技能。

学生的学习方法决定了学生的学习兴趣和学习体验。通过尝试新的学习方法和进行新的学习体验，学生可以更好地理解和掌握知识，从而增强学习兴趣和学习体验。

学生的学习方法决定了学生的学习能力和学习质量。良好的学习方法可以提高学习能力和学习质量，从而帮助学生更好地完成学习任务与课程目标。

综上所述，学生的学习态度和方法对教学创新具有重要的影响。教师应注重培养学生的学习态度和方法，引导学生积极探究和尝试新的学习方法与学科领域，从而促进教学创新的实施。

四、教学资源和技术的支持对教学创新的影响

教学资源和技术的支持也是教学创新成功的关键因素。教学资源包括教材、课件、教具、实验室等方面，教学技术包括在线教育、远程教育、移动教育、虚拟实验等方面。教师应当根据教学需求和实际情况选择合适的教学资源和技术，提高教学效率和质量。

（一）教学资源对教学创新的影响

丰富多彩的教学资源可以提供更加多元化的教学内容和教学手段，满足学生的不同学习需求和兴趣，从而促进教学创新的实施。

良好的教学资源可以提供更加准确、全面的知识和信息，帮助学生更好地理解和掌握学科知识和技能，从而提高学生的学习效果和质量。

优质的教学资源可以提高教学质量和效果，为学生提供更加优质和高效的教育服务与学习体验，从而提高学生对教育的认同感和满意度。

（二）教学技术对教学创新的影响

先进的教学技术可以提供更加先进和高效的教学手段及工具，满足学生的不同学习需求和兴趣，从而促进教学创新的实施。

创新的教学技术可以为学生提供更加个性化和差异化的学习服务与体验，从而提高学生的学习动力和学习质量。

优质的教学技术可以为学生提供更加优质和高效的教育服务与学习体验，从

而提高学生对教育的认同感和满意度。

综上所述，教学资源和技术的支持对教学创新具有重要的影响。教师应积极运用教学资源和技术，创新教学内容和教学手段，为学生提供更加多元化和高效的学习服务与体验。同时，教育部门和学校也应注重教学资源和技术的建设与支持，为教师的教学创新提供更加完善、优质的保障和支持。

五、教学管理和评价机制对教学创新的影响

教学管理和评价机制包括教学计划、教学评价、教学改革等方面，是教学创新成功的关键因素之一。教学计划的制订需要考虑学生的需求和教学目标，同时需要不断更新和完善教学计划，以适应教学创新的需求。教学评价是对教学质量的评估，需要结合教学目标和评价标准，采用多种评价方法，包括定量评价和定性评价，以便全面反映教学效果。教学改革需要通过不断改进和创新教学方法、教学内容与教学手段，提高教学质量。

（一）教学管理对教学创新的影响

教学管理可以为教学创新提供必要的资源支持，如教室、设备、资金、人力等，保障教学创新的顺利实施。

教学管理可以为教学创新提供必要的规范和制度，如教学计划、教学安排、教学评价等，促进教学创新的合理性及可持续性。

（二）教学评价对教学创新的影响

教学评价可以帮助教师及时发现教学问题和不足，加以改进和提高。

教学评价可以激励教师开展教学创新，树立教学创新的导向和榜样。

教学评价可以为学生提供必要的反馈和指导，促进学生的学习和发展。

教学管理和评价机制对教学创新具有重要的影响。教育部门和学校应加强教学管理和评价的建设与实施，为教师的教学创新提供必要的管理和支持，并对教学创新的效果进行评价与反馈，促进教学创新的发展和提高。同时，教师也应注重教学管理和评价的作用，积极参与教学管理和评价的建设与实施，为教学创新提供必要的支持和反馈。

第四节　高等教育教学创新的评价与改进

高等教育教学创新的评价与改进是教学创新过程中必不可少的环节，其目的在于及时发现教学创新实践中存在的问题和不足，以及改进措施的实施效果，从而不断提升教学创新的水平和效果。下面将介绍教学创新的评价与改进的主要内容和方法。

一、教学创新评价的主要内容

（一）教学成果评价

教学成果评价是指对教学活动所达到的目标及其效果进行评估的过程，以评价教学效果并提供改进方向和建议。教学成果评价是教育教学质量监测体系中的重要环节，对于教育教学质量的提高和教学创新的推进具有重要的作用。

1. 教学成果评价的内容和方式

（1）教学成果评价的内容。教学成果评价的内容包括教学目标的实现程度、学生的学习成果及反馈、教师的教学效果和质量等方面。

（2）教学成果评价的方式。教学成果评价的方式可以分为定量评价和定性评价两种。

定量评价。指通过数字或统计数据来评价教学成果，如考试成绩、作业完成情况、问卷调查数据等。

定性评价。指通过描述、分析、判断等方式来评价教学成果，如教师观察、学生表现、访谈记录等。

2. 教学成果评价的方法和工具

（1）考试和作业评价。考试和作业评价是教学成果评价的常用方法之一，可以评价学生的知识掌握情况和学习能力。

（2）问卷调查评价。问卷调查评价是通过给学生或家长发放问卷来了解他们对教学质量的评价和建议，可以反映教学成果和教学效果的综合情况。

（3）观察评价。观察评价是指教师通过对学生的表现、行为、态度等进行观察，从而评价教学成果和效果。观察评价可以反映学生的学习情况和教学效果。

（4）访谈评价。访谈评价是通过面对面交流的方式了解学生的学习情况和学习反馈，从而评价教学成果与效果。访谈评价可以更深入地了解学生的学习情况和教学效果。

3. 教学成果评价的意义和作用

（1）促进教学质量的提高。教学成果评价可以反映教学质量和效果，为教师提供改进方向和建议，从而促进教学质量的提高。

（2）推进教学创新的发展。教学成果评价可以发现教学中的问题和不足，为教学创新提供方向和支持，推动教学创新的发展。

（3）提高学生的学习动力。教学成果评价可以让学生了解自己的学习成果和不足，帮助学生进行自我评价和反思，从而提高其学习动力和积极性。

（4）为学生职业发展和升学提供参考。教学成果评价可以为学生的职业发展和升学提供参考，让学生更加清楚自己的优势和不足，从而更好地规划自己的职业发展和升学方向。

（5）促进教育公平和公正。教学成果评价可以客观地评估学生的学习成果，避免形成对学生的主观偏见和不公正评价，促进教育的公平和公正。

（二）教学资源评价

教学资源评价是指对教育教学中使用的各类教学资源进行评估，包括教材、课件、实验设备、图书馆、计算机设备、网络平台等。教学资源评价的目的在于了解教学资源的优点和不足，为教学资源的选用及开发提供参考依据，从而提高教学效果和教学质量。

1. 教学资源评价的指标

（1）适用性。适用性是指教学资源是否符合教学内容和教学目标的要求，能否满足学生的学习需求和教师的教学需求。

（2）实用性。实用性是指教学资源是否方便使用，能否满足教学的需求，能否提高教学效果。

（3）完整性。完整性是指教学资源是否完整、准确、清晰、简明，能否提供全面、系统的教学信息。

（4）可靠性。可靠性是指教学资源的信息是否准确、真实、可靠，能否保证教学内容的正确性和权威性。

（5）多样性。多样性是指教学资源能否提供多种不同形式的学习资源，包括文字、图片、声音、视频等，能否满足不同学生的学习习惯和需求。

（6）互动性。互动性是指教学资源能否提供教师与学生互动的机会，包括课堂互动、在线讨论、实验操作等，能否增强学生的参与度和学习效果。

2. 教学资源评价的方法

（1）问卷调查法。问卷调查法是最常用的教学资源评价方法之一，通过编制调查问卷，向学生、教师等相关人员收集评价意见和建议，了解教学资源的优点与不足，为改进教学资源提供依据。

（2）专家评价法。专家评价法是通过邀请专家对教学资源的适用性、实用性、完整性、可靠性、多样性、互动性等方面进行评价，从专业角度出发，对教学资源给予准确的评价结果。

（3）实地考察法。实地考察法是通过实地考察实验设备、计算机设备、图书馆等教学资源的使用情况，了解教学资源的使用效率和管理情况，为改进教学资源提供参考。

（4）学生评价法。学生评价法是通过听取学生对教学资源的难易程度、适应性、吸引力、实用性等方面的评价，了解学生对教学资源的满意度和改进意见，为改进教学资源提供参考。

（5）数据分析法。数据分析法是通过对教学资源的使用频率、学生学习成绩、评价反馈等方面的数据分析，了解教学资源的使用效率和学习效果，为改进教学资源提供依据。

3. 教学资源评价的指标体系

教学资源评价的指标体系应该包括教学资源的质量、适用性、实用性、互动性、反馈性、多样性等多个方面，具体指标如下：第一，教学资源的质量指标，包括教学资源的准确性、科学性、先进性、全面性、系统性等方面；第二，教学资源的适用性指标，包括教学资源的可定制性、可扩展性、可重用性、可适应性等方面；第三，教学资源的实用性指标，包括教学资源的易用性、易操作性、易掌握性、易学习性等方面；第四，教学资源的互动性指标，包括教学资源的互动方式、互动效果、互动范围等方面；第五，教学资源的反馈性指标，包括教学资源的反馈方式、反馈效果、反馈时效等方面；第六，教学资源的多样性指标，包括教学资源的类型、形式、内容、风格等方面。

4. 教学资源评价的实施步骤

教学资源评价的实施步骤：第一，确定评价目标和范围；第二，选择评价方法和指标体系，编制评价表格和问卷；第三，通过问卷调查、实地考察、数据分析等方法收集评价数据；第四，对收集到的评价数据进行统计和分析，得出评价结果；第五，制订改进方案和实施计划，持续改进教学资源；第六，总结评价结果和经验，为今后的教学资源评价提供参考。

（三）教学过程评价

教学过程评价指的是对教师在教学过程中的教学行为和教学方法进行评价。教学过程评价是整个教学评价中的重要组成部分，可以为教师提供改进教学的建议和方向，促进教学质量的提高。

以下是教学过程评价的几种方法：第一，观察法。观察法是教学过程评价的主要方法之一，通过观察教师的教学行为和学生的学习情况，了解教学过程的效果与存在的问题，为改进教学提供参考。第二，课堂教学记录法。教师可以在课堂教学中记录自己的教学行为和学生的反应，包括上课时间、内容、教学方法、学生的学习情况等，对教学过程进行记录和分析，了解教学效果与存在的问题。第三，学生评价法。学生评价法是通过收集学生的意见和反馈，了解教学过程的效果和存在的问题，为改进教学提供参考。可以通过课后反馈、问卷调查等方式进行学生评价。第四，教师自我评价法。教师可以对自己的教学过程进行评价和反思，分析教学过程中存在的问题和不足，思考改进的方法与策略，提高教学效果和质量。第五，同行评价法。同行评价法是通过教师之间的互相观摩和交流，进行教学过程评价和改进。可以邀请其他教师到课堂观摩和交流，互相评价并提出建议。

（四）教师评价

教师评价是指对教师在教学过程中的表现和教学效果进行评价，内容包括教学方法、教学内容、教学态度、教学效果等方面。教师评价是教学质量评价的重要组成部分,可以反映教师的教学水平和能力,为教师提供改进和进步的方向及建议。

教师评价的来源通常包括学生、同行和上级领导等多个方面。其中,学生评价是最重要的评价来源之一,可以通过问卷调查、小组讨论、个别面谈等方式进行。教师需要认真对待学生的评价,从中发现自己的不足之处,并加以改进和提高。同行评价是指同事之间对教学过程进行互相评价,可以通过教学观摩、教学交流等方式进行。同行评价可以帮助教师从不同的角度去看待教学问题,发现自身的优势和不足之处,并寻求进一步提高的途径。上级领导评价是指教学管理层对教师的教学进行评价,可以通过教学检查、听课评价等方式进行。上级领导评价可以促进教师的自我认识和改进,提高教师的教学水平与教学质量。

二、教学创新改进的主要方法

(一)制定改进措施

通过评价教学创新实践中的教学成果、教学资源、教学过程和教师评价,发现问题与不足,制定合理的改进措施,并实施和跟踪评估。

(二)提高教师的教学能力和教育素质

提高教师的教学能力和教育素质是教学创新改进的关键,可以通过教师培训、教师交流、教学研讨等方式来提高教师的教学水平和教育质量。

(三)加强教学资源建设

教学资源的充分利用和优化是教学创新改进的重要保障。高等教育机构需要加强教学资源的建设,包括教学设备、教学材料、教学人员等方面。首先,信息技术是优化教学资源的关键因素之一。高等教育机构可以通过建设数字化校园、智能化教学系统等方式,充分利用信息技术,提高教学资源的利用效率。其次,高等教育机构还需要关注教学资源的平衡分配。在资源有限的情况下,如何平衡不同学科、不同教师、不同学生的教学资源分配,是教学创新改进的重要问题。

高等教育机构可以建立科学、合理的资源分配机制，确保教学资源的公平、公正和高效利用。最后，教学资源的建设还需要与教学创新的实践紧密结合。高等教育机构可以通过教学资源评估和反馈，了解教学资源的利用情况和问题，进一步改进与优化教学资源，促进教学创新和教育教学质量的提高。

第五章 高等教育教学创新实践

第一节　高等教育教学创新的案例介绍

一、麻省理工学院的开放式在线课程

麻省理工学院(MIT)是世界著名的高等教育机构,致力于推动科学、技术和人文领域的研究和教育。为了扩大自己的影响力并向更多人提供优质的教育资源,麻省理工学院在2011年开始推出开放式在线课程(MOOCs)平台,通过该平台向全球用户免费提供高质量的在线课程。

(一) 案例背景

开放式在线课程是一种在线教育模式,通过互联网技术,将高质量的教育资源以免费开放的方式呈现给全球用户。2011年,麻省理工学院联合哈佛大学推出了第一门开放式在线课程,吸引了数万名学生在线学习。该课程的成功推出,标志着开放式在线课程进入了大众视野,并在随后的几年里得到了快速发展。

作为全球顶尖的高等教育机构之一,麻省理工学院在推出开放式在线课程平台时,不仅仅是为了扩大自己的影响力和知名度,更是出于教育使命感和社会责任感。麻省理工学院希望通过开放式在线课程平台,将自己的高质量教育资源推广到全球范围,为广大学生提供免费的优质教育资源。

(二) 案例实践

1. 平台架构

麻省理工学院的开放式在线课程平台由麻省理工学院和哈佛大学共同推出,旨在向全球用户免费提供高质量的在线课程。平台的架构主要由课程内容、教学团队、学生支持三部分组成。课程内容包括视频讲解、课件资料、作业、实验等,教学团队由麻省理工学院和哈佛大学的优秀教师组成,学生支持包括学习资源、学习计划、作业评估、证书颁发等。

2. 课程开设

平台提供了丰富多样的课程内容，涵盖了多个学科领域，包括计算机科学、工程学、数学、物理学等。课程分为基础课程和进阶课程两种类型，基础课程面向初学者和教育者，进阶课程则面向专业学者和科研人员。课程内容均由麻省理工学院和哈佛大学的教师主持，保证了课程质量的高水平。

3. 课程特点

麻省理工学院的开放式在线课程平台的特点：第一，高质量的教学资源。平台的课程由麻省理工学院和哈佛大学的优秀教师主持，课程内容质量高，能够满足学生的需求。第二，在线互动和讨论。平台提供在线互动和讨论功能，让学生可以和其他学生、教师进行交流和互动，增强学习效果。第三，个性化的学习支持。平台为学生提供了多种支持服务，包括学习资源、学习计划、作业评估、证书颁发等。

4. 成果评估

麻省理工学院的开放式在线课程平台通过课程作业、考试、论文等方式对学生进行成果评估，同时还会颁发证书，作为学生参加该课程的学习成果证明。证书分为两种：认证证书和荣誉证书。认证证书需要支付一定的费用，并通过严格的考核标准来获得；荣誉证书则根据学生完成课程的情况，由教学团队决定是否颁发。这些证书对于学生在求职、升学等方面具有一定的参考价值。

除对学生的学习成果进行评估，平台还会对课程的质量进行评估。评估内容包括课程内容的完整性、教学效果、学生反馈等方面，评估结果会被作为改进和优化课程内容的依据，从而进一步提高教学质量与效果。

（三）启示与展望

麻省理工学院的开放式在线课程平台的成功经验给我们提供了一些启示和展望：

首先，教育应该是开放、普惠的。通过开放式在线课程平台，麻省理工学院打破了时间和空间的限制，让优质的教育资源能够普及全球。这也引发了更多人对于教育公平和普及的关注。

其次，教学内容应该贴近实际需求。平台提供的课程内容覆盖了多个领域，涵盖了学生所需的各种技能和知识。这也启示我们，教学内容应该根据学生的实际需求和社会需求来制定。

最后，教学应该注重个性化服务。通过在线互动和讨论功能，教师可以和学生进行交流和互动，为学生提供个性化的教学服务。这也启示我们，在教学中应该注重提供个性化的服务，针对学生的不同需求进行差异化的教学和指导。

二、华中科技大学"互联网+教育"模式

该模式采用在线教学、课程资源共享、学科竞赛、教学实践等方式，将传统课堂教学与现代信息技术相结合，使学生可以随时随地获取知识。

（一）案例背景

互联网技术的飞速发展与普及，为教育教学领域带来了前所未有的变革与机遇。为了推进教育现代化建设，华中科技大学探索"互联网+教育"模式，将信息技术与教育教学深度融合，实现了线上线下教学的有机结合，推动了高等教育教学的改革与创新。

（二）案例实践

1. 建立全校统一的在线教学平台

华中科技大学建立了全校统一的在线教学平台——"卓越云课堂"，为教师和学生提供线上教学、学习、评价和管理等一体化服务。该平台提供了大量的教学资源，包括教学视频、课件、作业、讨论区等，支持学生线上提交作业、在线考试和自主学习等，同时还支持教师对学生的学习情况进行实时监控和评估。

2. 探索"混合式"教学模式

华中科技大学探索"混合式"教学模式，将线上教学和线下教学相结合，实现了"一课多形式、多地同时上"的教学模式。在线上课程中，教师会提前录制好课程视频，学生在线上观看课程视频，完成在线作业，之后与教师进行在线互动和讨论。在线下课程中，教师会利用课堂时间进行重点难点讲解、课堂练习等教学活动，提高教学效果和学生的学习积极性。

3. 支持学生创新创业

华中科技大学注重培养学生的创新创业能力，为此提供了多项支持措施。学

校通过"互联网+"大赛等活动，鼓励学生利用信息技术和创新思维，探索并解决社会问题。同时，学校还建立了创业实践基地和创新创业导师团队，为学生提供创新创业的实践机会和指导服务。

（三）案例启示

1. 信息技术与教育教学深度融合

"互联网+教育"模式实现了信息技术与教育教学的深度融合，打破了传统教学在时间、空间上的限制，实现了线上、线下教学的有机结合。这一模式的成功实践表明，信息技术在教育教学中的应用已经成为一种趋势，学校应该积极探索和实践，推动信息技术与教育教学的深度融合，为学生提供更加灵活、多样化的学习方式。

2. 注重学生个性化发展

"互联网+教育"模式注重学生个性化发展，通过线上教学和线下实践相结合的方式，为学生提供更加灵活、多样的学习方式。同时，学校还注重了解和把握学生的个性化需求及发展方向，为学生提供个性化的教育服务与支持，促进学生的全面发展。

3. 教师角色的转变

在"互联网+教育"模式下，教师的角色发生了转变，他们不再是传统意义上的知识"灌输者"，而更像是学生学习的"导师"和"辅导员"，在课堂中发挥引导作用。同时，教师需要不断更新教育理念和教学方法，掌握信息技术，不断提升自己的教育教学水平。

4. 开放合作的理念

"互联网+教育"模式倡导开放合作的理念，学校需要和社会各界、行业内外积极合作，共同推进教育教学的发展和创新。在这一模式下，学校与企业、研究机构等的合作已经成为一种趋势，学校应该积极参与这种合作，为学生提供更加丰富、实用的教育教学资源。

三、上海交通大学"翻转课堂"教学模式

该模式以学生为主体，教师则在课堂上扮演着辅助和引导的角色，学生在家

中预习知识，到课堂上与教师和同学互动交流，达到了深度学习的目的。

（一）案例背景

上海交通大学是国内著名的高等教育机构之一，一直以来致力于推动教育教学的改革与创新。在这样的背景下，上海交通大学探索了"翻转课堂"教学模式，并在实践中取得了一定的成果。该教学模式的实施，为学生提供了更加自主、深入的学习机会，使教育教学更加符合现代化的需求，成为教育教学创新的一大亮点。

（二）案例实践

1. 教学设计

"翻转课堂"教学模式主要由两个阶段组成：预习阶段和课堂阶段。在预习阶段，学生需要通过在线学习平台学习相关知识点和相关资料，完成相应的作业，为课堂教学做好充分的准备；在课堂阶段，教师主要进行知识点的讲解并与学生互动，帮助学生巩固知识点、解决问题，引导学生进行课外拓展和深化学习。

2. 教学实践

在教学实践中，上海交通大学通过优化教学设计和完善课程管理，积极探索与推广"翻转课堂"教学模式。具体措施包括以下两种：

（1）完善在线学习平台。为了更好地实施"翻转课堂"教学模式，上海交通大学开发了一个在线学习平台。学生可以通过该平台学习课程内容，完成作业和测验，进行讨论及交流，并获得教师的反馈和指导。该平台不仅提升了教学效果，也为学生提供了更加自由、多样化的学习方式。

（2）优化教学流程。上海交通大学通过优化教学流程，更好地实施了"翻转课堂"教学模式。具体来说，教师需要提前在在线学习平台上上传课件、视频、作业等资料，并为学生提供相应的讨论和交流环节。这样可以帮助学生提前了解课程内容，掌握学习重点，并在课堂上更好地进行互动和探讨。

3. 教学成效

（1）提高学生的自主性。在"翻转课堂"教学模式下，学生的自主性和主动性得到了提高。传统的课堂教学中，教师往往是唯一的知识来源和掌握者，学生则是知识的被动接受者。而在"翻转课堂"中，学生需要在课前自主学习课程内容，在课堂上则需要积极参与讨论、合作探究和解决问题，这使学生的学习过程更具有自主性和主动性。

同时，在"翻转课堂"模式下，学生的自我评价和自我监控能力也得到了提高。在课前自主学习的过程中，学生需要自我评估对知识的掌握程度，以便在课堂上更好地与教师和同学互动交流。在课后，学生需要对自己的学习成果进行自我评价和总结，以便更好地掌握知识。

（2）促进师生互动。"翻转课堂"教学模式促进了师生之间的互动。在传统的课堂教学中，教师通常是主导者，学生则很难参与到教学过程中。而在"翻转课堂"中，学生需要在课前自主学习，课堂上则是教师和学生一起合作探究问题，这使教师和学生之间的互动变得更为频繁和紧密。

通过"翻转课堂"模式，教师可以更好地了解学生的学习状况，因为在课堂上，教师可以及时发现学生对知识的掌握情况，并有针对性地进行解答和指导。同时，学生在课堂上的提问和讨论也可以激发教师更深入地探究和解决问题。

（3）提升教学效果。"翻转课堂"教学模式通过充分利用课前、课上和课后的时间，提升了教学效果。在传统的课堂教学中，由于时间的限制，教师往往无法充分讲解课程内容，学生也无法深入地探究和理解课程内容。而在"翻转课堂"中，学生可以在课前自主学习课程内容，在课堂上更深入地探究和理解课程内容，这使教学效果得到了进一步提升。

同时，在课堂上教师可以及时对学生的问题和疑惑进行解答与讲解，让学生更好地理解和消化知识点，提升了学生的学习效果。

（4）促进学生批判性思维和创新能力的发展。"翻转课堂"教学模式通过让学生在课前自主学习课程内容，课堂上探究和讨论问题，以及课后进一步思考和总结，促进了学生的批判性思维和创新能力的发展。学生不再是被动地接受知识，而是积极地思考和探究问题，学生探究和解决问题的能力得以提高，创新能力和综合素质也进一步提升。

（5）适应时代需求，践行教育教学改革。"翻转课堂"教学模式的提出和实践，既是对传统教育教学的一次全面挑战，又是适应时代需求、践行教育教学改革的一次积极尝试。通过倒置传统教学的时间和空间，充分利用信息技术的优势，实现了教学方式的创新和教学效果的提升，提高了学生的自主性、主动性、批判性思维和创新能力，培养了学生的综合素质，促进了教育教学的现代化和创新化。这对于其他高校和教师来说，具有很好的借鉴和启示作用。

四、北京大学"小班化"教学模式

该模式将学生分为小班，每个小班由2~3位教师共同负责，采用小班授课、小组讨论等方式，使学生更加积极参与教学活动，同时获得个性化的教育。

（一）案例背景

北京大学作为国内著名的综合性大学，一直致力于提高教学质量和教学水平。然而，在传统的大班授课模式下，学生之间缺乏互动，教师难以对每个学生进行个性化的教学。为了解决这一问题，北京大学推出了"小班化"教学模式。

（二）案例实践

1. 小班授课

北京大学的"小班化"教学模式主要是通过小班授课来实现的。学校将原来的大班授课改为小班授课，每个班级的学生人数控制在20人以下，确保教师可以对每个学生进行个性化的教学。

2. 个性化辅导

为了进一步提升教学质量，北京大学还提供了个性化的辅导服务。教师根据学生的学习情况，为每个学生制订个性化的学习计划和辅导方案，帮助学生解决学习中的问题。

3. 在线教学

除传统的课堂教学，北京大学还通过在线教学平台开展在线教学。教师可以在平台上发布教学资料、视频讲解、在线测试等教学资源，帮助学生更好地学习课程内容。

4. 学生互动

为了提高学生之间的互动，北京大学还开设了小班讨论课程，让学生可以在课堂上进行讨论和交流。此外，学校还组织了学生社团和活动，为学生提供更多的机会进行交流与互动。

（三）案例启示

1. 个性化教学

"小班化"教学模式实现了个性化教学，教师可以针对每个学生的学习情况和需求，制订个性化的学习计划和辅导方案。这有助于提升教学效果，让学生更好地掌握课程内容。

2. 教学质量

通过"小班化"教学模式，学校可以更好地掌握每个学生的学习情况，确保教学质量。此外，教师可以提供更加贴合学生需求的教学内容和教学方式，进一步提高教学质量。

3. 学生发展

"小班化"教学模式可以更好地促进学生发展。通过小班教学，学生可以更好地掌握课程内容，更有机会参与课堂讨论，从而增强自己的思维能力、创新能力和交流能力。同时，学生还可以通过各种课外活动和实践活动，提升自己的综合素质与职业能力。

4. 教师发展

"小班化"教学模式也可以促进教师发展。通过小班教学，教师可以更好地了解每个学生的学习情况和需求，提高自己的教学能力和教学质量。同时，教师还可以借助小班教学的机会，开展教学研究和教学创新，提高自己的教学水平。

总之，北京大学"小班化"教学模式的成功实践，为其他高校的教学改革提供了重要的借鉴和启示。在未来的教学改革中，学校可以结合自身实际情况，采取更加灵活多样的教学模式，为学生提供了更好的教育服务，为教师的教学创新和职业发展提供了更加宽广的平台和空间。

这些案例展示了高等教育教学创新的不同方面和应用方式，通过借鉴与参考这些案例，可以促进教育教学的创新和发展。

第二节　高等教育教学创新的
成效评估和实践体会

高等教育教学创新的成效评估和实践体会是教育界和学术界都非常关注的话题。教学创新的目的是提高教学质量和教育水平，实现学生的全面发展和社会需求的匹配。因此，对教学创新的成效进行评估和反思是非常有必要的。

一、教学创新成效评估的多因素考虑

对教学创新成效的评估需要考虑多个因素，包括学生的学习成果、学生的反馈和评价、教师的教学效果与创新水平等。其中，学生的学习成果是最核心的评估指标，可以通过课程设计的难度、考核方式、成绩分布等多个方面来评估学生的学习成果。学生的反馈和评价可以通过问卷调查、小组讨论、教学日志等方式获取。教师的教学效果和创新水平是教学创新成功的重要保障，可以通过学生评价、同行评估、学术论文发表等方面进行评估。

（一）学生的学习成果

教学创新的目的之一是提高学生的学习成果，因此，学生的学习成果直接反映了教学创新的成效。学生的学习成果主要包括知识的掌握程度、知识的应用能力以及创新能力等。

1. 知识的掌握程度

对于知识性课程来说，可以通过学生的考试成绩、论文成绩、作业成绩等来评估学生的学习成果。对于实践性课程来说，可以通过实验成果、项目成果等来评估学生的学习成果。同时，教师也可以通过课堂讨论、问答等形式来检测学生对所学知识的掌握程度。

2. 知识的应用能力

学生的知识应用能力是指学生将所学知识应用到实际生活中的能力。对于知识性课程来说，可以通过课堂案例分析、论文写作等形式来检测学生的知识应用能力。对于实践性课程来说，可以通过项目实践、社会实践等形式来检测学生的知识应用能力。

3. 创新能力

教学创新的最终目的是提高学生的创新能力，即使学生能够在所学领域中进行创新性的思考和实践。对于知识性课程来说，可以通过论文写作、课堂讨论等形式来检测学生的创新能力。对于实践性课程来说，可以通过实验设计、工程项目等方式来培养和检测学生的创新能力。

除了对专业知识的学习和掌握，学生还需要具备良好的语言表达能力、团队协作能力、创新思维能力等综合素质和能力。因此，在教学创新成效评估中，还需要考虑学生的综合素质和能力的提高。

（二）学生的反馈和评价

教学创新不仅要考虑学生的学习成果，还要考虑学生的反馈和评价。学生的反馈和评价是教学创新效果的重要指标之一，对教师的教学改进和课程设计具有指导作用。

1. 学生反馈和评价的重要性

学生反馈和评价可以帮助教师了解学生的学习情况和学习需求，及时调整教学策略和教学内容，提升教学效果。此外，学生反馈和评价也可以帮助学校对教学质量进行评估和改进，提高教育教学的整体水平。

2. 学生反馈和评价的影响因素

学生反馈和评价的影响因素有很多，主要包括以下几个方面：

（1）教学方式和方法。不同的教学方式和方法对学生的学习效果会产生不同的影响，进而影响学生对教学质量的评价。例如，采用互动式教学和小组讨论等方式，可以提高学生的参与度和学习效果，从而获得更高的学生反馈和评价。

（2）教学内容和难度。教学内容过于简单或者难以理解，都会影响学生的学习效果和学生对教学质量的评价。因此，在教学内容和难度方面需要进行适当的调整，以满足学生的学习需求。

（3）教师的授课能力和教学态度。教师的授课能力越强，教学态度越积极，就越能够激发学生的学习兴趣和积极性，从而获得更高的学生反馈及评价。

（4）学生的学习态度和学习能力。积极主动的学习态度能够促进学生更好地参与教学活动，从而获得更好的学习效果。相反，消极的学习态度会影响学生的学习兴趣和动力，导致其对教学内容的反馈和评价更为消极。教师可以通过多种方式来调动学生学习的积极性，如鼓励学生主动提出问题、参与讨论，组织小组合作学习等。此外，教师也可以通过及时的反馈和鼓励来激发学生的学习兴趣和动力，提高学生的参与度。

（5）教学环境和设施。如果教学环境不佳或者设施陈旧，就会给学生带来不适感和不良体验，从而影响他们对教学质量的评价。因此，教学环境和设施的改善也是提高学生反馈和评价的重要手段之一。

（6）学生的背景和特点。不同的学生具有不同的学习特点和需求，因此需要针对不同学生的特点和需求进行教学设计与改进，从而提高他们对教学质量的评价。

（7）教学目标和评价标准。如果教学目标和评价标准不明确或者不合理，就会给学生带来困惑和不公正的感觉，从而影响他们对教学质量的评价。因此，需要明确教学目标和评价标准，确保学生对教学质量的评价具有客观性和准确性。

学生反馈和评价受到多个因素的影响，教师和学校需要综合考虑这些因素，不断优化和改进教学设计，以提高教学质量和满足学生的学习需求。同时，学生也需要积极参与教学过程，及时反馈和评价教学效果，以促进教学创新的不断发展和提高。

（三）教师的教学效果和创新水平

教师的教学效果和创新水平是创新教学中不可或缺的因素，对教学创新的影响十分显著。

1. 教学效果对教学创新的影响

教学效果是衡量教师教学成效的重要指标，也是教学创新中的关键因素之一。优秀的教学效果不仅可以激发学生的学习兴趣和积极性，还可以提高学生的学习效果及学习成果，进而推动教学创新的发展。

（1）激发学生的学习兴趣和积极性。优秀的教学效果可以激发学生的学习兴趣和积极性，让学生更加主动地参与到学习过程中。教师可以通过生动的语言、生动的教学实例和互动式的教学方式，激发学生的学习热情和主动性，使学生更加愿意参与到教学创新的实践中。

（2）提高学生的学习效果和学习成果。教师的教学效果可以直接影响学生的学习效果和学习成果。如果教师的教学效果优秀，授课内容清晰明了，教学方式多样化，教学方法灵活高效，那么学生的学习效果和学习成果都会得到提高。反之，如果教师的教学效果不佳，学生的学习效果和学习成果也会受到影响，甚至影响教学创新的发展进程。

2. 教学创新水平对教学创新的影响

教学创新水平是衡量教师创新能力的重要指标，也是创新教学中的关键因素之一。教学创新水平高的教师不仅能够推动教学创新的发展，还能够提高学生的学习效果和学习成果。

（1）推动教学创新的发展。教学创新水平高的教师能够在教学实践中不断创新，推动教学创新的发展。教师可以通过采用新的教学方法、运用新的教学技术和引入新的教学内容等方式，不断拓展教学领域，提升教学质量和教学效果。

（2）提高学生的学习效果和学习成果。教学创新水平高的教师能够在教学中充分发挥学生的主观能动性，鼓励学生自主学习和创新思考，从而提高学生的学习效果与学习成果。教师可以通过引导学生进行课外阅读、讨论和研究等方式，帮助学生深入理解课程内容，并开展相关的研究和实践活动，提高学生的创新能力和实践能力。

（3）提高教学声誉和影响力。教学创新水平高的教师能够在教学实践中创造出新的教学成果，并在学术界和教育界产生影响力，提高教学声誉和影响力。教师可以将教学成果分享给同行，并通过发表论文、举办学术研讨会等方式，将创新成果推广到更广泛的教育领域，从而促进教育教学的不断发展。

（4）提高教师自身能力和素质。教学创新水平高的教师能够在不断探索和实践中提高自身能力和素质，不断提升自己的教学水平和教育教学理念。教师可以通过参加教育培训、参与教育研究和实践活动等方式，不断拓展自己的教学知识和技能，从而不断提高自身的教学创新能力和素质。

教学创新水平对创新教学的影响是多方面的，涉及教学创新的推动、学生学习效果和成果的提高、教学声誉和影响力的提高以及教师自身能力和素质的提高等方面，这些方面相互关联、相互促进，共同推动着教育教学的不断发展。

二、对教学创新成效的评估需要注重数据的收集和分析

现代教育技术的应用，使对教学创新成效数据的收集和分析变得更加容易。可以通过各种学生学习管理系统、在线学习平台等教学平台来收集学生的学习数据，从而对教学创新的成效进行评估和分析。此外，还可以利用大数据分析等先进的技术手段，对教学创新成效进行深入的分析和研究，从而更好地了解教学创新的成效及其影响因素，为教学创新的改进和完善提供科学依据。以下是数据收集和分析在教学创新评估中的具体应用。

（一）学生学习数据的收集和分析

学生学习数据包括学生的学习成绩、作业完成情况、考试表现、课堂互动等。这些数据可以通过在线学习平台、学生学习管理系统等工具进行收集和分析。

1. 在线学习平台数据分析

在线学习平台是学生学习数据收集和分析的重要工具。目前，国内外许多高校都已建立了自己的在线学习平台，如中国大学 MOOC、edX、Coursera 等。在线学习平台为学生提供了在线学习资源、学习工具和学习社区等服务，也为学生学习数据的收集和分析提供了平台。

（1）学习行为数据的收集和分析。在线学习平台可以通过记录学生的学习行为数据，如课程访问量、学习时间、课程进度等，来评估学生的学习情况和学习效果。这些数据可以通过数据挖掘与数据分析等手段进行分析和评估，从而评估教学质量和教学创新成效。例如，通过分析学生的课程访问量和学习时间，可以判断学生对课程的兴趣和学习态度，从而调整课程设置和教学方式。

（2）学习成果数据的收集和分析。在线学习平台可以通过作业、测验和论文等方式，对学生的学习成果进行评估。学习成果数据的收集和分析可以用于评估学生的学习效果与教学创新成效。例如，通过分析学生的作业、测验和论文成绩，可以判断学生对课程的掌握程度及学习效果，从而评估教学质量和教学创新成效。

（3）学习社区数据的收集和分析。在线学习平台还可以为学生提供学习社

区服务，通过学习社区数据的收集和分析，可以评估学生对教学内容和教学方式的反馈及评价，为教师提供教学改进的参考依据。

2. 学生学习管理系统数据分析

学生学习管理系统是一种在线管理工具，用于收集和分析学生学习数据，包括学生学习时间、作业完成情况、成绩等。学生学习管理系统使学生学习数据的收集和分析更加高效和全面。

（1）学生学习时间的收集和分析。学生学习管理系统可以记录学生在线学习的时间，并且可以按照日、周、月等时间段进行汇总和分析。通过学生学习时间的收集和分析，可以了解学生学习的规律和习惯，从而为教学管理提供依据。例如，如果发现学生倾向在晚上或者周末学习，可以在这一时段进行相应的教学安排，为学生提供更加合理的学习计划。

（2）作业完成情况的收集和分析。学生学习管理系统还可以记录学生的作业完成情况，并且可以对作业完成情况进行汇总和分析。通过作业完成情况的收集和分析，可以了解学生的学习情况和掌握程度，从而为教师提供相应的反馈和指导。例如，如果发现某个学生的作业完成情况不太理想，可以及时对其进行指导，帮助该学生解决学习问题。

（3）成绩的收集和分析。学生学习管理系统还可以记录学生的考试成绩和课程成绩，并且可以按照科目、班级、学期等进行汇总和分析。通过成绩的收集和分析，可以了解学生的学习成果和水平，从而为教师提供相应的反馈和指导。例如，如果发现某个班级的成绩普遍较低，可以对教学内容和教学方式进行相应的调整，提高教学质量和效果。

（4）学生学习行为的分析。学生学习管理系统还可以分析学生的学习行为，包括学生对课程资料的下载次数、对讨论区的发帖数量和质量等。通过学生学习行为的分析，可以了解学生的学习兴趣和学习效果，从而为教学管理提供依据。例如，如果发现学生对某一课程资料的下载次数较少，可以对该课程资料的教学内容进行相应的调整，提高学生的学习积极性。

（二）教师教学数据的收集和分析

教师教学数据包括教师授课时长、教学质量评价、教学过程中的互动情况等。这些数据可以通过教学评价系统、课堂监控系统、在线学习平台等工具进行收集和分析。通过对教师教学数据的分析，可以评估教师的教学效果和教学创新水平。例如，可以比较不同教师在教学创新方面的表现及其学生的反馈，评估教师教学创新水平的高低。

1. 教学评价系统

教学评价系统是一种在线评价工具，用于收集和分析学生对教师教学效果的评价。教学评价数据可以从多个角度反映教师教学效果，包括教师的授课能力、教学方法是否得当、教学内容是否吸引人等。通过对教学评价数据的分析，可以得出教师教学的优点和不足之处，以及提高教学质量的具体措施。

2. 课堂监控系统

课堂监控系统是一种在线监控工具，用于收集和分析教师在课堂上的教学数据，包括教师对内容的讲解、师生互动情况、学生反馈等方面。通过对课堂监控数据的分析，可以评估教师的教学效果和创新水平，以及课堂教学的流畅程度和学生参与度等情况，从而进一步指导教师的教学实践。

3. 在线学习平台分析

在线学习平台是一种在线学习工具，用于收集和分析教师教学数据。在线学习平台可以收集学生在线学习的情况，包括学生学习时间、学习进度、学习内容等方面的数据。通过在线学习平台数据的分析，可以评估教师教学的针对性和实用性，以及学生对教学内容的反馈和评价，进一步指导教学实践。

4. 教学数据的综合分析

教师教学数据包括教学评价数据、课堂监控数据、在线学习平台数据等多个方面的数据。通过对这些数据的综合分析，可以全面地评估教师的教学效果和创新水平，进一步指导教学实践。例如，通过对教学评价数据、课堂监控数据与在线学习平台数据进行综合分析，可以得出以下结论：第一，教师的授课方式和方法是否得到学生认可。通过分析教学评价系统收集到的数据，可以了解到学生对教师的授课方式和方法的评价。同时，通过课堂监控系统的数据，可以观察到学生在课堂上的表现，包括学生的参与度、注意力集中度等，进一步了解教师的授课方式和方法是否能够激发学生的学习兴趣。第二，教师的教学效果和创新水平是否得到提高。通过分析教学评价系统收集到的数据，包括学生的学习成果、学习态度和学习能力等，可以评估教师的教学效果。同时，通过在线学习平台的数据，可以了解到学生对教师教学创新的反馈和评价，进一步评估教师的创新水平。第三，课堂教学和在线学习的关系。通过对课堂监控系统的数据和在线学习平台的数据进行比较，可以了解课堂教学与在线学习的关系。例如，学生在课堂上提出的问题和在线学习平台上的讨论内容是否相似，学生在线学习平台的学习情况是否影响了课堂的学习效果等。

通过对教学数据的综合分析，不仅可以帮助教师更好地掌握教学效果和学生学习情况，进一步优化教学设计和教学实践，还可以为学校提供更准确的教学质量评估数据，帮助学校制定更科学的教学发展规划。

（三）课程评价数据的收集和分析

课程评价数据包括学生对课程内容、教学方法、教师授课水平等方面的评价。这些数据可以通过教学评价系统、问卷调查等工具进行收集和分析。通过对课程评价数据的分析，可以评估教学创新对学生反馈和评价的影响。比如，可以比较分析学生对传统教学和创新教学的评价和反馈，评估教学创新对学生学习态度和能力的影响。在教学创新评估中，课程评价数据是一个重要的数据来源。通过对学生对传统教学和创新教学的评价和反馈的收集与分析，可以评估教学创新对学生学习态度和能力的影响。

1. 课程评价数据的收集

（1）问卷调查。问卷调查是常见的课程评价方法之一，可以通过问卷调查收集学生对课程的反馈和评价。问卷调查的优点是便于收集和分析，可以得到大量的反馈和评价信息。同时，问卷调查还可以通过设置开放性问题和建议，获得更详细的反馈和评价信息。

（2）小组讨论。小组讨论是另一种常见的课程评价方法。通过小组讨论，可以收集学生对课程内容、教学方法和教师教学效果的反馈和评价。小组讨论的优点是可以获得学生更深入、更具体的反馈和评价信息。同时，小组讨论还可以促进学生之间的交流和互动，提高学生的学习效果。

（3）个人访谈。通过个人访谈可以深入了解学生对课程的反馈和评价。个人访谈的优点是可以针对个别学生进行调查，获得更具体、更细致的反馈和评价信息。同时，个人访谈还可以帮助教师更好地了解学生的学习情况和学习需求，从而更好地开展教学工作。

2. 课程评价数据的分析

（1）学生对课程的满意度和反馈。学生对课程的满意度和反馈是评估教学创新对学生学习态度和能力影响的重要指标之一。可以通过问卷调查、小组讨论等方式收集学生的反馈和评价信息，然后应用统计分析等方法进行整体分析。

例如，通过对学生的反馈和评价进行分析，不仅可以了解学生对教学创新的态度和反应，判断教学创新对学生学习兴趣和积极性的影响，还可以通过对学生了解传统教学和创新教学的差异和优劣，为教学改进提供参考。

（2）学生的学习成果和学习能力。学生的学习成果和学习能力也是评估教学创新对学生学习态度和能力影响的重要指标之一。通过考试成绩、作业评估、论文评价等方式收集学生的学习成果信息，利用统计分析等方法对学生学习成果进行评估，不仅可以了解教学创新对教学的影响，判断教学创新能否提高学生的学习成绩和学习能力，还可以了解学生学习的优势和不足之处，为教学改进提供参考。

（3）教学创新对学生的参与度和反思能力的影响。通过课堂观察、小组讨论、论文写作等方式收集学生的参与度和反思能力信息，利用统计分析等方法对学生参与度和反思能力进行评估，可以判断教学创新能否提高学生的参与度及反思能力。

（4）教学创新对学生的创新能力的影响。教学创新最终目的是提高学生的创新能力，因此，评估教学创新对学生的创新能力的影响是非常重要的。通过论文写作、创新项目设计、专利申请等方式收集学生的创新能力信息，利用统计分析等方法对学生的创新能力进行评估，可以判断教学创新能否提高学生的创新能力，了解学生创新的优势和不足之处，为教学改进提供参考。

课程评价数据的分析可以全面地评估教学创新对学生学习态度和能力的影响，为教学改进提供参考和指导。

（四）教学资源的使用情况分析

教学资源包括课程视频、教学资料、教学案例等。通过对教学资源使用情况的分析，可以评估教学创新对教学资源的利用和开发效果。比如：通过分析学生观看课程视频的情况，了解学生对教学视频的喜好程度和观看时长；通过分析学生使用教学资料的情况，判断教学资料的实际使用效果；通过分析学生对教学案例的反馈和评价，了解教学案例对学生学习的帮助程度。

1. 课程视频的使用情况分析

课程视频是在线教学中最常用的一种教学资源，通过视频可以向学生展示教学内容和教学方法，为学生提供更加直观和生动的学习体验。通过对课程视频的使用情况进行分析，可以了解学生对视频的反馈，为教师优化视频内容和制作方式提供参考。

（1）课程视频观看率分析。课程视频观看率是评估课程视频使用情况的重要指标之一，它反映了学生对课程视频的关注度和使用程度。

（2）课程视频反馈分析。除了观看率，课程视频的反馈也是评估课程视频使用情况的重要指标之一。可以通过课程视频反馈表、在线评论等方式收集学生对课程视频的反馈信息，从而了解学生对课程视频的满意度、质量和使用效果。

2. 教学资料的使用情况分析

教学资料是在线教学中提供给学生的重要学习资源，包括教学课件、教学PPT、教学笔记等多种形式，有助于提高学生的学习效果和学习兴趣。通过对教学资料的使用情况进行分析，可以评估教学创新对教学资料的利用和开发效果，为教学改进提供参考。

（1）教学资料下载量分析。教学资料的下载量是评估教学资料使用情况的重要指标之一，反映了学生对教学资料的需求程度和使用频率。如果某一教学资料的下载量较低，可能是因为教学资料内容不够完整或者不够透彻，也可能是因为教学资料形式不够吸引人。因此，教师可以通过分析下载量数据对教学资料进行调整和改进，以提高教学资料的使用效果。

（2）教学资料的使用情况分析。除了下载量，还可以通过在线学习平台的数据统计功能分析教学资料的使用情况。例如，可以分析教学资料的浏览量、访问量、使用时长等数据，以了解学生对教学资料的实际使用情况。

通过对教学资料使用情况的分析，还可以了解学生对不同形式的教学资料的喜好和偏好。如果某一类型的教学资料的使用情况较好，那么教师可以在教学中更多地使用这种类型的教学资料，以提升教学效果。

（3）教学资料的更新和改进。教学资料是教学创新中的重要组成部分，但教学资料的质量及内容的更新和改进也十分重要。通过分析学生对教学资料的反馈和评价，可以发现教学资料存在的问题和不足，并及时进行更新和改进。

（五）教师教学效果和教学创新水平的评估

教学创新的最终目的是提高教学效果，提高学生的学习成果和学习能力。因此，教师教学效果和教学创新水平的评估，是评估教学创新成效的重要方面。可以通过学生的反馈和评价，结合学生的学习成果和学习能力，综合评估教师的教学效果和教学创新水平。此外，也可以通过教师自评和同行评估等方式，对教师的教学效果和教学创新水平进行评估。

1. 通过学生的反馈和评价了解教师的教学效果和教学创新水平

学生的反馈和评价是评估教师教学效果和教学创新水平的重要依据之一。通过收集学生的反馈和评价信息，可以了解学生对教师的教学态度、授课方式、课程设置、作业要求等方面的看法，从而判断教师的教学效果和教学创新水平。以下是几种常用的学生反馈和评价的收集方法：

问卷调查。通过编制问卷，对教师的教学方法、教学态度、课程设置、作业要求等方面进行调查，收集学生对教师教学效果和教学创新水平的评价信息。问卷调查可以采用线上或线下方式进行，也可以采用定向或随机的方式进行。

小组讨论。通过将学生分组，让他们在小组内讨论教师的教学方法、教学态度、课程设置、作业要求等方面的问题，并记录学生的意见和建议。小组讨论可以帮助学生更好地交流意见，从而提高评价的准确性和可信度。

个别面谈。个别面谈是一种与个别学生进行深入交流的方法，通常需要教师花费更多的时间和精力。通过与学生进行面谈，教师可以更加全面地了解学生对自己的教学效果和教学创新水平的评价，获取更加深入与详细的反馈和建议信息。

以上方法都有其优缺点，学校可以根据自身的情况和需求，选择适合自己的方法进行学生反馈和评价的收集及分析。

2. 通过学生的学习成果和学习能力评估教师教学效果与教学创新水平

学生的学习成果和学习能力是评估教师教学效果与教学创新水平的重要指标之一。教师的教学效果和教学创新水平应该以学生的学习成果与学习能力为评价标准。在教学创新实践中，教师应该关注学生的学习成果和学习能力，从而不断提升教学效果与创新水平。

（1）学生的学习成果评估。学生的学习成果可以通过考试成绩、作业完成情况、实验报告等方面来进行评估。在评估学生的学习成果时，需要对学生的学习情况进行全面的分析，包括学习成绩、学习进度、知识掌握情况、学生的自主学习能力等方面。教师可以比较学生在传统教学和创新教学两种模式下的学习成果，从而得到更加全面的评估结果。

（2）学生的学习能力评估。学生的学习能力包括学习动机、学习策略、学习方法、学习自觉性等方面。教师可以通过教学实践中的观察、听取学生的反馈和评价、考核和测试等多种方式来评估学生的学习能力。

对于学生的学习能力评估，教师应该综合考虑多个方面的因素，包括学生的学习态度、学习方法、学习策略等。通过对学生的学习能力进行评估，教师可以了解学生的学习特点，进而调整自己的教学策略和方法，提高教学效果与创新水平。

3. 综合评估教师教学效果和教学创新水平

综合评估教师的教学效果和教学创新水平，需要同时考虑学生的反馈和评价以及学生的学习成果与学习能力。教师的教学效果和创新水平是影响学生学习成果与学习能力的关键因素之一。通过综合评估教师的教学效果和创新水平，可以为教师的教学改进提供指导与建议。

在综合评估教师教学效果时需要考虑以下几个方面：第一，学生的反馈和评价。学生的反馈和评价是衡量教师教学效果的重要指标之一。学生的反馈和评价可以从课堂教学、教学方法、教学内容和教学态度等多个方面反映教师的教学水平与教学效果。通过综合分析学生的反馈和评价，可以了解教师教学的优势和不足之处，为教师的教学改进提供参考。第二，学生的学习成果。学生的学习成果包括学生成绩和学生的综合能力等方面。通过分析学生的学习成果，可以评估教师教学的质量和效果，从而为教师的教学改进提供参考。第三，教学创新水平。教学创新水平是衡量教师教学创新能力的重要指标之一。教师的教学创新水平可以从教学方法、教学内容、教学资源使用等方面反映出来。通过评估教师的教学创新水平，可以为教师的教学改进提供参考。

评估教师的教学效果和教学创新水平，需要综合考虑以上三个方面的指标，通过多种数据的收集和分析，全面、客观、科学地展开评估，从而更好地指导教师的教学实践，推动教学创新的发展，提高教育教学质量。

三、对教学创新成效的评估需要及时反思和改进

教学创新是一个不断探索和完善的过程，需要及时反思和改进，针对发现存在的问题和不足之处，采取相应的改进措施，不断提高教学创新的效果和质量。

（一）及时总结教学经验和不足之处

在评估教学创新成效的过程中，需要及时总结教学经验和不足之处。对于教学中出现的问题和不足之处，需要进行深入分析和反思，找出原因，并及时采取措施进行改进。教学创新是一个不断探索和实践的过程，只有通过不断总结经验和不足之处，才能不断提高教学质量和创新水平。以下从深入分析问题原因、及时采取改进措施两个方面，探讨如何对教学创新中的不足之处进行总结和改进。

1. 深入分析问题原因

在对教学中的问题和不足之处进行改进之前，需要深入分析问题的原因，找出问题的症结所在，从而更好地采取有针对性的措施进行改进。具体来说，可以从以下几个方面进行分析：

（1）教学目标和任务不清晰。如果教学目标和任务不够明确和具体，就会影响教学效果和学生学习成果。因此，教学目标不能只是简单地让学生掌握某些知识点，而是要进一步考虑学生的实际需求和应用能力。

（2）教学内容和方法不适应学生需求。如果教学内容和方法不够贴近学生的实际需求和兴趣，就会影响学生的学习积极性和效果。例如，如果教师只是简单地讲解知识点，而没有采用多种形式的教学方法和策略，那么学生的学习效果很可能会受到影响。

（3）教学过程中缺乏互动和反馈。如果教学过程中只有单向的传授知识，而没有充分地与学生进行互动和交流，那么学生很可能会产生疲劳和厌倦的情绪，进而影响学习效果。

2. 及时采取改进措施

在分析和总结教学中的问题和不足之处后，教师需要及时采取改进措施，以提升教学质量与教学效果。下面列举一些常见的改进措施：

（1）调整教学内容和难度。根据学生的学习情况和意见反馈，教师可以适

当调整教学内容和难度，以提升教学效果。如果学生反映某一部分内容难以理解或者难度过大，教师可以通过增加讲解时间、提供更多练习机会等方式以帮助学生更好地掌握。

（2）改进教学方法和手段。教学方法和手段的改进对提升教学质量和效果起着至关重要的作用。教师可以采用多种教学手段，如案例教学、小组讨论、互动式教学等，激发学生的学习兴趣和积极性，从而提升教学效果。

（3）优化教学资源和环境。教学资源和环境的优化也是改进教学效果的重要手段。教师可以通过提高教学资料的质量和实用性、优化课堂环境、营造轻松愉悦的学习氛围，来激发学生的学习热情。

（4）加强个性化教学。个性化教学是提高教学效果和教学创新水平的重要途径之一。教师可以针对每个学生的学习情况和需求，制订个性化的学习计划和辅导方案。这有助于提高教学效果，让学生更好地掌握课程内容。

（5）加强教学研究和创新。教学研究和创新是提高教学质量和效果的根本保障。教师可以加强对教学理论和方法的研究，不断拓展教学思路和创新思维。同时，教师还可以积极参加教学研讨会和学术交流活动，交流教学经验与心得，从而不断提高教学创新水平。

（二）建立反馈机制和持续改进

教学创新的成功离不开反馈机制和持续改进。建立一个有效的反馈机制，可以帮助教师及时了解学生和教学质量的情况，及时获取反馈与评价，并根据反馈和评价进行调整及改进。在这个过程中，持续的改进也是至关重要的，可以不断提高教学质量和效果。

1. 建立反馈机制

建立反馈机制是教学创新的关键，通过反馈机制可以及时获取学生和教师的反馈和评价，从而为教学改进提供参考。建立反馈机制需要考虑以下几个方面：第一，收集反馈和评价。教师可以通过各种方式收集学生的反馈和评价，如开展问卷调查、组织小组讨论等。在收集反馈和评价的过程中，教师应该注意采用恰当的问卷或者设计讨论问题，以充分了解学生的反馈和评价，了解学生对教学的需求和期望，以便及时进行调整和改进。第二，分析和总结反馈及评价。收集到反馈和评价后，教师需要对其进行分析和总结，以便了解教学创新的实施情况和学生的反应。同时，教师还需要对反馈和评价进行分类和统计，找出问题和改进方向。第三，及时采取措施进行调整和改进。根据反馈和评价的结果，教师需要及时采取措施进行调整和改进。例如，针对学生反映课程内容难度过高的问题，教师可以适当降低课程难度或者提供更多的学习资源，帮助学生更好地掌握课程内容。

2. 持续改进

持续改进是教学创新的关键，通过持续改进可以不断提高教学质量和效果。教师可以从以下几个方面进行持续改进：第一，评估教学成果。教师应该及时评估教学成果，对学生的学习情况进行跟踪和分析。第二，不断优化教学方法。教师可以不断优化教学方法，采用新的教学技术和教学手段，以满足不同学生的学习需求。例如，采用互动式教学、小组讨论、课堂演示等方法，提高学生的学习积极性和参与度，从而进一步推动教学创新的发展。第三，引进新的教学资源。教师可以引进新的教学资源，包括在线学习平台、教学软件、教学资料等，为学生提供更加多样化和个性化的学习体验，以提高教学效果与学生的学习兴趣，进一步促进教学创新的发展。第四，加强师资培训。教师应该加强自身的培训，如可以参加教学研讨会、教学培训课程等活动，与其他教师进行交流和学习，不断提高教学水平和教学能力。

（三）推广成功经验和成果

将评估结果转化为实际的行动和改进方案，同时推广成功的经验和成果，为教学创新的推广和实施提供借鉴及参考。在教学创新中，成功的经验和成果应该得到广泛的推广及应用，以推动教学创新的普及和发展。推广成功经验和成果可以从以下几个方面进行：

1. 分享交流会议

可以组织相关的学术会议、研讨会或者工作坊，邀请来自不同学校和领域的教师和专家参与。通过分享教学创新的经验和成果，可以促进不同学校之间的交流和互动，推动教学创新的普及与发展。

（1）分享交流会议的作用。促进教师之间的交流和互动。分享交流会议可以为不同学校之间的教师提供交流和互动的平台，教师可以通过交流分享各自的教学经验和成果，相互学习、相互借鉴，促进教师之间的互动和合作。

提升教师的教学水平和创新能力。通过参加分享交流会议，教师可以了解到其他学校和教师的教学创新成果和经验，进一步提升自己的教学水平和创新能力，为教学改进提供参考和启示。

推广教学创新成果。通过分享交流会议，教师可以向其他学校和教师介绍自己的教学创新成果，推广自己的教学理念和方法，进一步促进教学创新的发展和推广。

（2）分享交流会议的组织和实施。确定会议主题和议程。在组织分享交流会议时，需要确定会议的主题和议程，以确保会议内容的连贯性和主题的明确性。可以考虑邀请教育专家、学者或成功案例代表等，分享相关经验和观点。

邀请参与者。在确定好会议主题和议程后，需要邀请相关的学校和教师参与会议，可以通过邮件、电话、短信等方式发送邀请函，并说明会议的时间、地点和议程等。

准备会议材料。在会议开始前，需要准备会议材料，包括会议议程、参会人员名单、相关资料和PPT等。可以通过网络共享平台或传统邮寄方式将会议材料发送给参会人员，以方便参会人员事先了解会议内容。

组织会议。在会议当天，需要按照会议议程和时间表，组织会议的开展。会议可以包括主题演讲、分组讨论、经验分享和成果展示等环节，鼓励参会人员积极参与，提问和分享自己的经验和观点。

总结会议成果。在会议结束后，需要对会议成果进行总结和归纳，以便后续的跟进和推广。在总结会议成果时，可以从以下几个方面进行：第一，对分享交流内容进行梳理和归纳，整理出有价值的创新教学方法和经验，总结出不同学校之间的交流和合作成果；第二，对教学创新成果进行总结和评估，如可以从学生学习效果、教学质量、教学资源利用效率等方面进行评估和分析，找出教学创新中存在的问题和不足之处；第三，制订后续推广和实施计划，将会议中的教学创新经验和成果向教育机构广泛推广，促进教育教学改进和发展；第四，结合会议中的经验和成果，制订教学创新的发展目标和计划，为教育教学的改进和创新提供指导和支持。

2. 教学展示活动

可以组织教学展示活动，邀请校内外的专家和学生参加。在活动中，可以展示教学创新的成果和效果，同时与参与者进行交流和互动，从而推广教学创新的经验和成果。教学展示活动可以通过多种形式进行，如教学观摩、课堂演示、教学研讨等，可以邀请校内外的专家和学生参加，从而扩大交流范围，提高交流质量。

（1）教学观摩。教学观摩是指教师邀请其他教师或者校外专家到课堂上观摩自己的教学过程。观摩的教师或专家可以对教学过程进行提问和点评，从而提高教师的教学能力和教学质量。同时，教学观摩也可以让教师相互借鉴和学习，促进教学方法和经验的交流及分享。

（2）课堂演示。课堂演示是指教师选取自己的优秀课件和教学案例进行展示和演示。演示的教师可以向其他教师和学生展示自己的教学方法和技巧，同时也可以让其他教师和学生更直观地了解教学过程和教学效果。

（3）教学研讨。教学研讨是一种深入探讨教学问题和交流教学经验的形式，教师可以在研讨会上分享自己的教学经验与教学方法，其他教师和学生可以提出问题及建议，共同探讨教学问题并寻找解决方案。

教学展示活动的组织需要注意以下几点：第一，明确目的和主题。教学展示活动的组织需要明确活动的目的和主题，以便能够更好地组织和安排活动内容与流程。同时，明确目的和主题也可以提高活动的效果和质量。第二，邀请合适的参与者。教学展示活动需要邀请合适的参与者，包括其他教师、学生和校外专家等，参与者应具备能够提供有价值意见和反馈的能力和经验。第三，准备好展示材料。展示材料包括教学课件、教学视频、教学案例等，这些材料应该能够清晰地反映出教学创新的特点和优势，以便其他参与者进行了解和评价。第四，合理安排活动流程。教学展示活动的组织需要合理安排活动的流程，以确保活动的效率和质量。活动流程应该包括开幕式、展示环节、讨论环节等多个环节，每个环节都应该有明确的目的和时间安排。第五，提供交流和互动的机会，以便参与者之间进行沟通和交流。可以安排小组讨论、问答环节等，以便参与者可以分享自己的经验和想法，从而促进教学创新的交流和发展。第六，总结和评价活动成果。在活动结束后，可以采用问卷调查、小组讨论等方式收集参与者的反馈和评价，以便了解活动的效果和改进的空间。同时，也需要对活动中出现的问题进行分析和总结，以便在下一次的活动中进行改进及提高。

3. 出版教材和发表论文

教师可以将自己的教学创新成果写成教材或者论文，在相关的期刊发表或出版。通过出版教材和发表论文，可以将教学创新的成果广泛传播，推动教学创新的普及和发展。

（1）出版教材。教师可以将自己在教学创新方面的成果编写成教材出版，以推广自己的教学创新成果，同时也可以帮助更多的教师了解和学习教学创新的方法与经验。

（2）发表论文。教师可以将自己在教学创新方面的研究成果编写成论文进行发表，以更好地传播教学创新的理念和方法，同时也可以帮助其他教师更好地理解和应用教学创新的技术和策略。

总之，出版教材和发表论文是将教学创新成果广泛传播的重要途径，教师应该积极探索和实践，不断推动教学创新的普及与发展。

第三节 高等教育教学创新的未来发展趋势和挑战

在高等教育教学创新未来的发展趋势中，将面临以下几个方面的挑战和机遇：

一、科技与教育的深度融合

随着信息技术的不断发展和普及，科技与教育的深度融合已经成为当代教育领域的重要趋势。科技的应用不仅可以提高教学效果和教学质量，还可以改变教学方式和教学内容，推动教育的转型和升级。本部分将从以下几个方面详细探讨科技和教育的深度融合。

（一）科技与教育的融合现状

现代教育科技大致可以分为以下几个阶段：多媒体教学、网络教育、移动学习和在线学习。

1. 多媒体教学

多媒体教学是应用最为广泛的教育科技形式之一，它通过使用图像、声音、文字等多种媒体形式，将课程内容生动形象地呈现给学生，提高了教学效果和教学质量。

2. 网络教育

网络教育是通过互联网技术将课程内容传输到学生电脑上进行学习。网络教育的优点是灵活性高，可以在任何时间和地点进行学习。

3. 移动学习

移动学习是指通过移动终端设备进行学习。由于移动设备的便携性和普及性，移动学习成为当下教育领域的重要趋势。

4. 在线学习

在线学习是将教育资源发布到网络上，供学生自主选择学习内容的一种学习方式。在线学习可以通过互动方式实现教学效果，实现教学资源共享和在线交流。

（二）科技与教育的深度融合带来的影响

科技与教育的深度融合可以对教育领域产生深刻的影响，主要表现在以下几个方面：

1. 改变教学方式

科技的应用使教育更加灵活，学生可以通过多种方式获得课程内容，如在线学习、移动学习等。教育工作者可以通过教学软件和多媒体教学等方式，使课堂更加生动和有趣，从而提高学生的学习兴趣与积极性。

2. 提高教学质量

科技的应用可以提高教学质量。例如，在线测试和互动式教学不仅可以提高学生的参与度和学习效果，还可以通过数据分析对教学过程进行评估和改进。此外，科技还可以帮助教师更好地应对学生的不同学习需求和个性化差异，以提高教学效果。

3. 促进教育公平

科技与教育的深度融合可以促进教育公平。通过在线学习平台等方式，学生可以更加方便地获得教育资源，缓解了地域和经济等因素对教育资源分配的不平等问题。同时，学生也可以根据自己的学习进度进行学习，不再受限于传统教学中的班级和教师，提高了学生的学习效率和学习自主性。

4. 推动教育创新

科技与教育的深度融合可以推动教育创新。通过应用虚拟现实、人工智能等新技术，可以创造出更加多元化和创新性的教学方式及教学场景。同时，科技与教育的融合也鼓励教育工作者不断探索新的教学模式和教育理念，进而推动教育创新的不断发展与进步。

5. 促进产业发展

科技与教育的深度融合可以促进教育产业的发展。教育技术、在线教育等新兴产业在不断涌现，为整个教育产业带来了新的机遇和挑战。同时，教育产业的发展也可以促进科技产业的发展，这两者相互促进，形成良性循环。

（三）科技与教育深度融合的方法

科技与教育深度融合有多种方法和手段。数字化技术是科技和教育深度融合的关键手段之一。它可以为教学提供数字化教学资源、数字化学习环境和数字化评价方式等，使教育更加高效、精准和便捷。

数字化教学资源是指利用数字技术制作的各种教学资料，包括多媒体课件、网络教程、教学视频、在线题库等。数字化教学资源可以根据学生的个性化需求和学习进度进行定制，为学生提供更加精准的学习资料，帮助他们更好地掌握知识和技能。

数字化学习环境是指利用数字化技术构建的各种学习环境，包括在线学习平台、虚拟实验室、远程教学系统等。数字化学习环境可以打破地域限制，让学生可以在任何地点、任何时间进行学习和交流，为学生提供更加便捷、多元化的学习方式。

数字化评价方式是指利用数字化技术进行学生学习成果评价的方式，包括在线测试、智能化评价系统、数据分析等。数字化评价方式可以根据学生的学习情况和表现，提供个性化的评价和反馈，帮助学生更好地掌握学习进度和效果，同时也可以为教师提供更加全面、准确的学生评价结果。

除了数字化技术，还有其他方法和手段可以促进科技与教育的深度融合。例如：第一，利用人工智能技术。人工智能技术可以为教育提供更加个性化、自适应的学习和评价方式，根据学生的学习情况和表现，提供个性化的学习资源与评价反馈，帮助学生更好地掌握学习进度和效果。第二，利用虚拟现实技术。虚拟现实技术可以为学生提供身临其境的学习体验，让学生在虚拟的环境中进行实践和探索，提高学生的学习兴趣和动力，同时也可以为教师提供更加丰富、多样化的教学资源。第三，利用大数据分析技术。大数据分析技术可以对学生的学习数据和行为数据进行分析，提供更加精准和全面的学生评价和教学反馈，帮助教师更好地了解学生的学习情况与需求，进而优化教学策略和教学资源，提高教学效果与质量。第四，利用智能化教学管理系统。智能化教学管理系统可以为教学提供自动化、智能化的管理方式，包括学生考勤、成绩管理、教学资源管理等，减轻教师的管理负担，提高教学效率和管理水平。第五，利用云计算技术。云计算技术可以为教育提供高效、可靠的计算和存储资源，帮助教育机构和教师更好地管理和共享教学资源，提高资源利用效率及质量。第六，利用区块链技术。区块链技术可以为教育提供安全、可信的数据管理和交互方式，保护学生的隐私和安全，同时也可以为学生提供更加便捷、安全的支付和认证方式，提高教育服务的质量和便利性。第七，利用智能化教育硬件。智能化教育硬件可以为教育提供包括智能白板、教学机器人、智能手环等更加智能化、交互化的学习和教学方式，提高学生的学习兴趣和参与度，同时也可以为教师提供更加丰富、多样化的教学资源和工具，促进教学创新和发展。

综上所述，科技与教育的深度融合可以采用多种方法和手段，不断推进教育的创新和发展，提高教育质量及效益。

二、教育国际化趋势

随着全球化的不断深入，高等教育教学创新也需要更多地面向国际，借助国际教育资源和跨国教育合作，提高高等教育的国际竞争力。

三、多元化学生需求的挑战

未来学生的需求将更加多元化，教学创新需要面向不同的学生群体，提供更加丰富和多样化的教育服务和内容。

四、教师队伍建设的挑战

教师是教学创新的核心，未来教育创新需要更多具备教育创新意识和能力的优秀教师，需要高校加强对教师队伍的培养和引进，提高教师的教育水平和教学能力。未来高等教育教学创新需要面向多元化需求，借助科技手段和国际教育资源的支持，加强教师队伍建设，适应教育政策与法规的要求，实现教育创新的可持续发展。

（一）智能时代教师队伍建设新面貌与新诉求

1. 教师队伍建设新面貌

改革开放 40 多年来，我国教师队伍建设取得了历史性成就。国家战略层面高度重视教师队伍建设，21 世纪以来相继出台了一系列推动教师队伍建设的重要政策文件，政策内容涉及师德师风、教师队伍建设、教师教育改革、教师教育振兴、信息化领导力、信息技术应用能力、人工智能助推教师队伍建设等。我国高度重视人工智能变革教育的作用，大力推进利用人工智能助推教师队伍建设，开启了智能教师队伍建设的新阶段。国家、省（自治区、直辖市）实施了"国培计划"、卓越教师培养计划、乡村教师支持计划等，提升教师的专业素养，推进公费师范生培养，助力乡村教育振兴。此外，教师队伍建设取得的成就还体现为依托师范院校、高水平大学、教师教育基地等建立了现代教师教育体系；教师教育信息化和现代化水平大幅提升；教师队伍加快推进规范化和制度化建设；教师国际影响力逐渐增强；教师队伍结构持续优化，教师学历层次普遍提升，教师业务水平普遍提高，教师信息化教学能力普遍增强；等等。

2. 教师队伍建设现实技术困境

尽管我国教师队伍建设取得了历史性成就，但在系统分析教师队伍建设情况时发现，其还存在诸多现实技术困境：一是部分教师不能很好地利用技术变革教育，亟待教师增强教育变革力与创新创造力；二是人工智能、机器人等智能技术具有巨大的潜力，教师队伍建设过程中尚未充分发挥智能技术潜能。新理论、新媒体、新技术、新方法等对教师队伍建设产生的影响超越了以往任何时期，教师从事的是面向未来的工作，需要时刻做好面向未来的职业准备。

3. 教师队伍建设的新诉求

近年来，人工智能技术的迅速发展将人类社会推向了智能时代，智能时代的教育迎来了新的变革与创新。智能时代的教师队伍建设面临着诸多新诉求：第一，智能教育素养是智能时代教师的关键素养，教师迫切需要提升智能教育素养；第二，人工智能正在或将取代教师引发了人们的热议，教师迫切需要适应人工智能融入教育，及时转换角色并进行身份重构；第三，人机共融是智能时代的主要特征之一，机器人教师正在走进教育领域，教师迫切需要适应教师—机器人教师、教师—AI 教师（AI 合成教师）双师教学新模式；第四，人工智能融入教育领域引发的伦理、数据和算法公平等问题不容忽视，教师迫切需要做好教育人工智能伦理的把关人，确保数据和算法使用符合伦理；第五，高度重视人工智能赋能教师队伍建设的潜能，教师迫切需要做好在人工智能的丰富环境中开展有效教研和教学的准备。人工智能变革教育已成为全球共识，智能时代的教师理应顺应时代诉求，成为与时代发展相适应的智慧型教师。

（二）人工智能助推教师队伍建设的潜能

1. 人工智能能否取代教师的追问

近年来，弱人工智能加快了向强人工智能和超人工智能的进化。人工智能赋能各行各业，加速推动了各行业的自动化、智能化和智慧化发展。人工智能取代教师、医生、驾驶员、工人、设计师、笔迹鉴定师等职业引发了全球热议。机器人教师、机器人医生、机器人教练、机器人驾驶员、机器人设计师、机器人科学家等正在取代人类的一些工作，开启了人机共融的智能时代。

人工智能究竟在多大程度上取代人类，这取决于人工智能的功能与价值。人工智能的本质决定其功能与价值。

从人类本质看，人类拥有自我意识和对象意识，这也是区分人工智能和自动化的根本依据。

从教育本质看，人工智能是人工制造的信息处理系统和预测模型按照事先设置好的形式语言和算法规则加以运算。

从工具本质看，人工智能是人类的工具，不能成为"创作"和"发明"的主体，科学家对算法和数据库的选择是人工智能产物的创造性来源。

从技术本质看，人工智能是模仿、延伸和扩展人的智能，也就是让机器像人一样拥有意识、思维、能力和态度，其最高境界是拥有人类的智慧。人类进化为高级生物，关键在于脑的进化，从而使人类拥有了智慧。人工智能如果完全取代人类，就需要精准模仿，甚至延伸、超越人类的智慧。然而，脑科学既是学术研究前沿，又是世界性难题，尚未取得支持人工智能的重大突破。人脑的可塑性超出了人类的想象，在当前技术条件下，人工智能模仿、延伸、超越人类的智慧是世界性难题。

人类在认识世界、征服世界和改造世界的过程中会遇到很多问题，人工智能能够解决的问题仅占极少部分。人工智能能够解决的问题可以分为三类：已经解决的问题、正在尝试解决的问题、未来能够解决的问题。人工智能不能完全取代人类，只能取代人类的部分工作。重复性、低附加值的体力劳动容易被人工智能取代，脑力劳动和情绪劳动被人工智能取代则存在较大难度，而创造性、高附加值的创新劳动最难被人工智能取代。

教师工作具有复杂性，兼有体力劳动、脑力劳动、情绪劳动和创新劳动的特征。教师重复性和可用算法模拟的劳动容易被人工智能取代，如动作示范、作文批改、成绩统计分析、语言训练等；教师付出脑力和情绪较多的劳动较难被人工智能取代，如教师授课、教师研训、师生情感交流等；教师创造性的劳动很难被人工智能取代，如教学改革、科学研究、撰写著作和论文报告等。人工智能可以更好地释放教师的生产力，让教师有更多的时间和精力从事创造性工作，处理更加复杂棘手的问题。

2. 人工智能助推教师队伍建设三大潜能

人工智能在助推教师培养、教师教育改革、教师管理优化、教育教学创新、乡村教育振兴等方面具有巨大的潜力。人工智能有利于破解师资编制不足、城乡发展不均衡、名师隐性知识推广难度大等教师队伍建设的瓶颈问题。在人工智能的赋能下，人机共教、人机共育将会成为未来教育发展的新常态。人工智能与教师队伍建设创新融合，其潜能主要体现在以下三个方面：

（1）教育信息化技术的发展和应用。孕育教师队伍建设的智能文化，为教师培养和职业发展营造智慧教育环境和氛围，塑造新时代教师队伍建设的智能文明。人工智能与教育环境融合可以有效提升教育环境的智能化水平，涌现了智慧校园、智慧教室、智慧研修平台、人工智能实验室。人工智能加速了教育文化进化，推动教育从信息文化、数字文化迈向智能文化，缔造了"人机共融"的智能文明。人工智能与教师队伍建设的融合，既可以提高教师的智能文化，又可以促进智能文化的传播，并加速智能文明的延续和传承。

（2）人工智能重新塑造教师角色。人工智能可以在某些方面重新塑造教师角色，但并不能完全取代教师。

个性化教育：人工智能可以根据学生的学习情况和兴趣爱好，提供个性化的学习资源和课程安排，从而让每个学生都能够获得最大化的学习效果。这种个性化教育的方式要求教师更多地了解学生的学习情况和需求，以更好地指导学生。

教育数据分析：人工智能可以通过数据分析和挖掘，帮助教师更好地了解学生的学习情况和需求，并从中发掘出有效的教育方法。这要求教师具备一定的数据分析和处理能力，能够更好地应用数据指导教学。

教学工具和资源：人工智能可以为教师提供更加便利和高效的教学工具和资源，帮助教师更好地开展教学工作。同时，教师也需要了解并熟练掌握这些工具和资源，以更好地应用。

智能化教学：人工智能可以为教师提供更加智能化的教学方法和流程，如自动批改、自适应学习、虚拟实验等，从而提升教学效率和质量。这要求教师具备更加创新和智能的教学思路及能力。

需要强调的是，教师仍然是教育过程中不可或缺的主体，人工智能只是一种工具，不能完全取代教师的作用。教师需要在教学中运用人工智能，与之协同合作，共同提升教育质量和效果。

（3）人工智能提升教师劳动的智能化。人工智能能够延伸和扩展人类的本质力量，释放教师的教育生产力，提升教师劳动的智能化和数智化水平。从人工智能与人脑的融合发展看，人工智能延伸和拓展了人脑的功能。未来随着脑机接口技术的突破，人脑与外界信息的交换将更加方便快捷，人类对知识和技能的学习或许能够实现颠覆性的变革。未来人工智能与神经修复的融合有望帮助人类恢复触觉、听觉、视觉、味觉、嗅觉以及运动能力等。随着人工智能芯片的广泛应用，未来将会实现实时记录人体的生命数据，智能感知、识别和管理人体健康状况。人工智能与感知互联网、触觉互联网、技能互联网的融合，将延伸人类感知觉和动作技能，实现人机智慧互联，加快迈向"人机共融"时代。

3. 人工智能助推教师队伍建设三境界

人工智能释放教师的教育生产力，主要体现在三重境界：

（1）人工智能辅助教师。人工智能辅助教师是指将人工智能技术应用于教育领域，为教师提供智能化辅助服务，帮助教师更好地开展教学工作。人工智能辅助教师可以在教学内容的制定、教学过程的管理、学生学习行为的分析和评估等方面提供支持及帮助，从而提高教师的教学效果和教学质量。

（2）人工智能作为教师。目前，人工智能作为教师的应用仍处于起步阶段，但已经在某些领域得到了一些应用。人工智能可以作为一种工具来辅助教学。例如：

自适应学习。基于学生的学习进度、兴趣和能力水平，人工智能可以为学生提供个性化的学习体验和定制化的课程内容。

智能评估。人工智能可以帮助教师快速而准确地评估学生的学习成果，为教师提供更加详尽的反馈，同时也可以帮助学生更好地了解自己的学习状况。

语音识别和自然语言处理技术。人工智能可以帮助学生进行口语和写作练习，同时也可以帮助教师更好地理解学生的口语和写作能力。

虚拟助教。人工智能可以作为虚拟助教，与学生进行互动，回答学生的问题，并提供学习建议和反馈。

（3）人工智能作为创新型教师。人工智能作为创新型教师可以在以下方面发挥作用：

提供个性化教育。人工智能可以根据学生的学习情况和兴趣爱好，提供个性化的学习资源与课程安排，让每个学生都能够获得最大化的学习效果。

优化教学流程。人工智能可以帮助教师自动化一些烦琐的教学流程，如作业批改、评估、反馈等，从而节省教师的时间和精力，让教师能够更加专注于教学内容和方法的创新。

开发创新型学习方法。人工智能可以通过自然语言处理、机器学习等技术，帮助教师发现新的学习方法和模式，从而开发出更加创新的教学方案，提升学生的学习效果和学习体验。

推动教育智能化。人工智能可以为学校和教育机构提供数据分析与预测，帮助教育决策者更好地了解学生的学习情况和需求，从而优化教育资源的分配和使用，推动教育智能化和数字化的进程。

需要注意的是，人工智能只是一种工具，不能完全取代教师的作用。教师在教学中仍然扮演着重要的角色，包括指导、激励和启发学生。未来，人工智能和教师将会在教学中形成合作关系，共同促进学生的学习与发展，共同推动教育创新和发展。

第六章 / 高等教育管理与教学创新的整合

第一节　高等教育管理与教学
创新的关系与互动

高等教育管理和教学创新是相互关联、相互促进的。高等教育管理提供了有利于教学创新的机制和环境，而教学创新推动了高等教育管理的现代化和发展。因此，高等教育管理与教学创新的关系是相互关联、相互促进的，只有两者紧密结合，才能够推动高等教育体系的快速发展和优化。

一、高等教育管理需要为教学创新提供支持和保障

高等教育管理需要为教学创新提供支持和保障，这是因为教学创新能够提高教育教学质量，促进学生的全面发展，推进学科和人才培养模式的改革与创新。然而，要推动教学创新，就需要制定相应的政策措施、提供必要的资金和技术支持，以及建立科学的评价和激励机制。

（一）制定鼓励教学创新的政策措施

教学创新是高等教育发展的重要动力，各级管理部门应当制定相关政策措施，鼓励教师进行教学创新。具体措施包括以下几种：

1. 加大对教学创新的支持力度

高等教育管理部门应该加大对教学创新的支持力度，制定教学创新奖励政策，并提供相应的奖励和资助，以吸引和激励更多的教师参与教学创新。

（1）制定教学创新奖励政策。高等教育管理部门可以通过制定如下教学创新奖励政策来鼓励教师进行教学创新：第一，设立教学创新奖，奖励在教学中取得卓越成就的教师；第二，设立教学创新基金，用于支持教师进行教学创新活动，包括课程改革、教学方法创新、教材编写等；第三，设立教学创新专项资金，用于支持教师开展教学研究和教学创新活动。

（2）提供相应的奖励和资助。除制定奖励政策，高等教育管理部门还应该提供相应的奖励和资助，以激励教师进行教学创新。第一，提供奖金或者晋升机

会等物质激励，以鼓励教师在教学方面取得更好的成果；第二，提供专业发展机会，包括参加教育学术研讨会、研修班等，以提高教师的专业水平；第三，提供项目申请和管理支持，帮助教师申请教学创新相关的项目，以支持教师的教学创新。

（3）吸引和激励更多的教师参与教学创新。高等教育管理部门应该积极宣传和推广教学创新理念，提高教师的创新意识与创新能力，以吸引更多的教师参与教学创新。第一，通过组织研讨会、论坛等活动，分享教学创新的经验和成果，以激发教师的创新热情；第二，加强对教学创新的宣传和推广，通过宣传校内外的成功案例，吸引更多的教师参与教学创新；第三，建立教学创新工作室，为教师提供交流和合作的平台，促进教师之间的相互学习与互助，激发教师的创新能力和创造力；第四，制定教学创新奖励政策，对在教学创新中取得优异成绩的教师予以相应的奖励和资助，如提供研究经费、聘请助理、加薪等，以此激励更多教师参与教学创新；第五，建立教学创新人才培养计划，为有教学创新潜力的青年教师提供培养机会和资金支持，培养更多优秀的教学创新人才；第六，加强教师教育培训，为教师提供关于教学创新方面的培训和指导，提高教师的教学能力与创新水平。

总之，加大对教学创新的支持力度，需要高等教育管理部门在政策、资源、资金等方面进行投入和支持，吸引更多教师参与到教学创新中，从而提高教学质量和培养质量，推动高等教育持续发展。

2. 建立教学创新评估机制

第一，制定教学创新评估标准和方法。教学创新评估标准应该包括教学目标的达成情况、教学内容的创新程度、教学方法的创新程度、教学效果的评价等方面。同时，应该根据不同学科和专业的特点，制定相应的评估标准和方法。第二，建立专门的评估机构。为了确保评估的公正性和专业性，应该建立专门的教学创新评估机构。该机构应由具备相关学科和专业知识与经验的专家组成，以便能够对教学创新进行全面的评估和认定。第三，对教学创新进行评估和认定。评估机构应该对教学创新进行评估和认定，并根据评估结果进行反馈与改进。评估结果应该被广泛地公开和分享，以激励更多的教师参与教学创新。

3. 促进教学创新的实施和推广

评估机构应该积极地宣传和推广评估结果，鼓励和促进教学创新的实施和推广。同时，评估机构应该与高等教育管理部门和学校合作，共同制定和实施教学创新的政策和措施，促进教学创新的发展和推广。

（1）评估结果的宣传和推广。评估机构在评估完成后，应当及时公布评估结果，并将评估结果向校内外宣传和推广。评估机构可以采取多种方式，如通过网站、报纸、杂志、会议等形式宣传评估结果。在宣传过程中，应当重点突出教学创新的亮点和特色，鼓励和激励更多的教师参与教学创新。

（2）建立交流平台，促进教学创新的分享与交流。评估机构可以建立教学创新交流平台，促进教师之间的交流和分享。平台可以采取线上或线下的形式，为教师提供一个交流和互相学习的机会。在交流过程中，可以邀请教师分享教学创新的成功经验，或者组织研讨会、研讨班等形式的活动，探讨教学创新的相关问题。通过交流和分享，可以提高教师的创新意识和创新能力，推动教学创新的不断发展与创新。

（3）提供奖励和资助，鼓励教学创新的实施和推广。为了鼓励、促进教学创新的实施和推广，评估机构可以制定奖励和资助政策，为教师提供一定的奖励和资助。奖励可以采取荣誉、证书、奖金等形式，资助可以采取经费、设备、技术支持等形式。评估机构可以根据教学创新的评估结果，对获得优秀评价的教师进行奖励和资助。通过奖励和资助，可以鼓励教师更加积极地参与教学创新，推动教学创新的不断发展。

（4）建立校企合作机制，推进教学创新的实践与应用。校企合作是高等教育管理部门与企业之间的一种合作模式，通过互利共赢的方式，共同推进教学创新的实践和应用，以培养具有实践能力和创新意识的优秀人才。

建立校企合作机制的具体做法：第一，制定校企合作的政策和措施，明确校企合作的目标和原则；第二，建立校企合作的平台，如校企合作研究中心、实验室等，以便教师和企业之间的交流和合作；第三，建立校企合作的档案和数据库，收集整理教学创新实践与应用的相关信息和成果。

通过校企合作促进教学创新的实践与应用的具体做法：第一，与企业合作开展课程设计和教学活动，将企业实践和需求融入教学过程，使教学内容与实际工作需求有效衔接；第二，与企业合作开展科研项目，探索新的教学模式和方法，将研究成果应用于教学实践中；第三，与企业合作开展实践性课程，如实习、毕业设计等，为学生提供企业实践的机会，让学生在实际工作中学习并掌握专业知识和技能。

校企合作的优势：第一，可以提高教学的质量和水平，将企业实际需求与教学内容相结合，培养具有实践能力和创新意识的优秀人才；第二，可以促进教学创新的实践和应用，通过校企合作，可以将新的教学模式和方法应用于实际工作中，提高教学的实效性；第三，可以拓展教学资源，通过与企业合作，可以获取更多的教学资源和实践机会，为教学提供更丰富的资源和支持。

（二）为教学创新提供资金和技术支持

教学创新需要资金和技术支持，高等教育管理部门应当为教学创新提供相应的资金和技术支持，具体做法包括以下几种：

1. 建立教学创新基金

高等教育管理部门建立教学创新基金，是促进教学创新的重要举措之一。教学创新基金是由高等教育管理部门或学校设立的一种专门用于支持和鼓励教学创新的基金，主要用于资助教师开展教学创新项目、培养教学创新人才和推广教学创新成果等。

建立教学创新基金的主要目的是为教师提供资金支持，以解决教师在教学创新过程中可能遇到的经费问题，提高教师的教学创新积极性和水平。同时，教学创新基金的设立也可以促进教学创新成果的推广和应用，从而推动高等教育的发展。

具体来说，教学创新基金的设立应当考虑以下几个方面：

（1）基金来源。教学创新基金的来源可以是政府的财政资金、企业的社会责任投资、校内的专项经费等。不同的来源可能会影响基金的规模和使用范围，因此需要根据实际情况进行合理的规划和设计。

（2）资助项目范围。教学创新基金的资助项目范围应该涵盖教学创新的各个领域，如课程建设、教学方法、教材编写、教学资源开发等。资助项目的申请条件和程序应予以明确规定，以确保申请者的合法性和资金使用的合理性。

（3）资助标准和金额。教学创新基金的资助标准和金额应该根据不同项目的需求和实际情况合理地进行设定。一般来说，应该根据项目的创新性、实用性和成果预期等因素来确定资助标准和金额，以充分体现资金的效益和价值。

（4）管理和监督。教学创新基金的管理和监督是确保基金使用效果和质量的重要保障。因此，应该建立完善的基金管理和监督制度，明确资助条件和程序，规范资金使用流程和管理方式，加强对项目执行过程的跟踪和监督，确保基金的使用和管理规范、透明、公正。

2. 提供教学创新的技术支持

提供教学创新的技术支持是高等教育管理部门为教学创新提供保障和支持的重要手段之一。现代化的教学技术不断涌现，为教学创新带来了新的机遇和挑战。因此，为教学创新提供技术支持和保障，有助于教师更好地开展教学创新工作，提高教学质量和水平。

（1）加强对新型教学技术的研发和推广。当前，新型教学技术不断涌现，如虚拟现实技术、人工智能、大数据等技术的应用，对高等教育的教学改革和创新提出了新的要求。因此，高等教育管理部门应当加强对新型教学技术的研发和推广。具体措施：第一，建立专门的教学技术研发中心，聚焦教学技术的研发和推广，为教学创新提供技术支持和保障；第二，加强与互联网、科技企业等合作，积极引进和推广新型教学技术；第三，建立新型教学技术应用的培训机制，为教师提供新型教学技术的培训和指导。

（2）为教学创新提供技术支持和保障。为教学创新提供技术支持和保障，是高等教育管理部门的一项重要任务。具体措施：第一，建立和完善数字化教学资源库，为教师提供数字化教学资源的获取和共享方面的技术支持；第二，建立和完善教学管理平台，为教师提供教学管理、课程设计和教学评估等方面的技术支持；第三，加强网络教学平台的建设和管理，为教师提供在线教学、课程管理和交流互动等方面的技术支持。

3. 建立教学创新资源共享平台

建立教学创新资源共享平台，促进教师之间的教学资源共享，提高教学创新的效率和质量。具体措施如下：第一，搭建平台。高等教育管理部门可以搭建一个教学创新资源共享平台，提供教学创新相关的资源、案例、论文、教学视频等内容，以及教学创新的培训和交流活动信息。同时，为了方便教师上传和分享资源，平台应该提供便捷的上传和浏览功能，以方便地搜索和分类。第二，鼓励上传和分享。为了鼓励教师上传和分享教学创新的资源和经验，高等教育管理部门可以采取激励措施，如为在平台上分享最多、最受欢迎的教学创新资源的教师提供奖励和表彰。第三，提供培训和指导。为了提高教师的教学创新能力，高等教育管理部门可以在平台上提供教学创新的培训和指导，如教学方法的改进、课程设计的优化、学科交叉融合等方面的培训。第四，建立合作机制。为了促进教学创新的合作和交流，高等教育管理部门可以建立合作机制，如邀请其他高校和企业共享资源和经验，进行教学创新项目的合作等。

通过建立教学创新资源共享平台，方便教师获取和分享教学创新的资源和经验，促进教学创新的合作和交流，从而提高教学质量和效率，进一步推动高等教育的发展。

（三）建立教学创新的评价和激励机制

建立科学的评价和激励机制，是鼓励教师进行教学创新的重要保障。具体做法包括以下几种：

1. 制定科学合理的评价指标和方法

教学创新的评价指标和方法应该考虑到教师的教学效果、教学质量、教学反响和社会贡献等多个方面。评价指标应当量化、具体、科学，并能够客观地反映教学创新的成效和贡献。

其中，教学效果可以从学生的学习成绩、知识掌握程度、思维能力等方面来衡量；教学质量可以从课堂教学效果、教材使用、教学方法等方面来衡量；教学反响可以从学生的评价、同行的评价等方面来衡量；社会贡献可以从对社会的影响、对行业的发展等方面来衡量。在评价方法上，可以采用问卷调查、实地考察、学生表现评价、学科竞赛等多种方法，以提高评价的客观性和准确性。

2. 建立激励机制

为了鼓励教师进行教学创新，可以采用多种激励措施，如提供一定的资金、设备和技术支持，给予荣誉称号和奖励，提供晋升机会和职称评定等。此外，可以建立教学创新成果展示平台，为教师提供展示成果的机会，加强交流和学习，进一步提高教学创新的质量和水平。

在建立激励机制时，需要注意激励的公平性和公正性，避免出现一些不当行为，如以权谋私、拉关系等，损害教学创新的正常秩序和公正性。

3. 提高评价和激励机制的透明度和公开性

评价和激励机制的透明度和公开性对于维护其公正性至关重要。因此，需要制定明确的评价标准和流程，建立评价与激励机制的信息公示系统，及时公示评价和激励的结果，保证全体教师都能够参与其中，增强评价和激励机制的公正性和透明度。

总之，建立科学合理的评价和激励机制有助于激发教师的教学热情和创新能力，提高教学质量和水平，同时需要教学管理部门和教学督导部门的全力支持及配合，以确保制度的实施和有效性。这也是高等教育管理者应该积极探索和实践的方向。

二、教学创新促进高等教育管理的现代化和改进

教学创新可以提高教学质量和效率，增强学生的学习积极性与主动性，提高毕业生的就业竞争力，从而提高高等教育机构的声誉和排名。

（一）促进高等教育管理现代化

教学创新可以促进高等教育管理的现代化，主要表现在以下几个方面：

1. 创新思维与管理方式

教学创新需要创新思维和管理方式，如鼓励教师自主创新、加强教师培训、建立教学创新评价和激励机制等，这些创新思维和管理方式可以延伸到高等教育管理中，促进高等教育管理现代化。

（1）鼓励教师自主创新。高等教育管理部门可以通过设立教学创新基金、建立创新工作室等方式，鼓励教师自主进行教学创新。同时，还可以在招聘和晋升方面，对教学创新能力进行评价和认定，为教师的教学创新提供更多的支持及激励。

（2）加强教师培训。为了提高教师的创新能力和教学水平，高等教育管理部门可以通过组织教学创新培训班、引进国内外优秀教师开展讲座和交流等方式，提高教师的教学素质和创新能力。

（3）建立教学创新评价和激励机制。建立科学、合理的创新评价和激励机制，是鼓励教师进行教学创新的重要保障。具体做法包括制定科学的教学创新评价标准和方法，建立专门的评价机构，对教学创新进行评价和认定，同时还可以根据评价结果，给予相应的奖励和资助，吸引和激励更多的教师参与教学创新。

（4）推进信息化教学。信息化教学是推动教学创新的重要手段，高等教育

管理部门可以加大对信息化教学的投入和支持，推广新型教学技术和平台，为教师的教学创新提供更好的技术支持和保障。

总之，鼓励教学创新需要采取多种创新思维和管理方式，高等教育管理部门应该积极推动这些措施的落实，不断提高教学创新水平，为高等教育现代化和改进做出贡献。

2. 引进新技术、新模式

随着信息技术的迅速发展，新技术和新模式的引入正在改变教育教学方式。在高等教育管理中，引进新技术、新模式是推进教育教学改革的重要手段。

（1）在线教学。在线教学是一种通过网络实现远程教学的方式。与传统的面授课程相比，它具有课程灵活、时间自主、地点自由等优势。在线教学可以充分利用网络技术，将教学资源数字化，提高教育教学的效率和质量，解决传统教学中存在的地点和时间限制问题。

引入在线教学对高等教育管理的现代化和改进有以下贡献：第一，优化课程设置和资源配置。在线教学可以充分利用网络技术，将教学资源数字化，从而更好地实现课程资源的优化配置和共享，提高教学资源的利用效率。第二，提升教学效果。在线教学可以充分利用互动性、多媒体等技术手段，提升教学效果和学生的学习兴趣，促进学生的自主学习与深入思考。第三，拓展教学覆盖范围。在线教学可以实现远程教学，拓展教学的覆盖范围，让更多的学生能够接触到高质量的教育资源。第四，提高学生的综合素质。在线教学可以为学生提供更广泛的知识和学习资源，提高学生的学习兴趣和能力，增强学生的综合素质。

（2）混合式教学。混合式教学是将在线教学和传统面授教学相结合的一种教学模式。它既可以充分利用在线教学的优势，同时又不失传统教学的优点。混合式教学可以通过在线学习平台、视频会议等方式，实现课堂内外的融合，将课程教学和实践教学相结合，提高教育教学的效果和质量。

引入混合式教学对高等教育管理的现代化和改进有以下贡献：第一，提升教学效果。混合式教学可以充分利用在线教学和传统面授教学的优势，在传统教学中增加互动和创新元素，为学生提供更加丰富的教育教学体验。第二，提高教学质量。混合式教学能够提高学生自主学习能力，促进学生主动学习和思考，增强学生的综合素质。同时，教师也可以通过在线教学平台对学生进行更加精准的学习评估和指导。第三，提高教学资源的利用效率。混合式教学可以利用在线教学平台，实现教学资源的共享和优化，节约教学成本和资源，提高教学资源的利用效率。第四，促进教育教学的国际化。混合式教学可以通过在线教学平台，打破地域限制，促进国际教育教学的交流与合作，为提高教育教学的国际化水平提供有力支撑。

为了更好地推进混合式教学的应用，高等教育管理部门可从以下几方面着手：第一，加大对混合式教学技术的研发和推广力度，提供技术支持和培训服务；第二，建立教学资源共享平台，促进教学资源的共享和优化，提高教学资源的利用效率；第三，建立混合式教学评价机制，评估教学效果，为教学改进提供依据；第四，鼓励教师参与混合式教学的创新和实践，提供相应的激励和奖励。

总之，混合式教学作为一种创新的教学模式，具有很大的潜力和优势，可以为高等教育管理的现代化和改进带来积极的影响。高等教育管理部门应该积极推动混合式教学的应用，提高教育教学质量和水平。

3. 提高教学质量

高等教育是培养国家各个领域人才的重要途径，而教学质量是高等教育的核心竞争力。因此，提高教学质量是高等教育管理中的一个重要方向。下面将从教学内容、教学方法、教学资源等方面探讨如何借鉴高等教育管理中的经验和做法，提高教学质量。

（1）教学内容的改革和创新。教学内容是高等教育中的核心部分，对教学质量的提高起着重要作用。因此，需要不断地改革和创新教学内容，适应时代的需求和发展。具体做法：第一，结合时代需求，优化教学内容。教学内容应紧密结合社会发展的需要，注重培养学生的综合素质。同时，应注重教学内容的更新和优化，及时删除过时内容，加入新的内容，保证教学内容的时效性和适应性。第二，开展多元化的教学形式。除传统的讲授方式，教师可以采用多种形式的教学，如案例教学、小组讨论、实践教学等，丰富教学内容，提高教学效果。第三，注重跨学科的教学内容设计。现代社会发展越来越多地需要跨学科的人才。因此，在教学内容设计中应加强跨学科的融合，将多个学科的知识有机地融合在一起，培养跨学科人才。

（2）教学方法的改革和创新。教学方法是教学中不可或缺的部分，对教学效果和教学质量有着重要的影响。因此，需要不断地改革和创新教学方法，适应时代的需求和发展。具体做法：第一，注重学生的主体性和实践性。教学应注重学生的主体性，强调教师和学生之间的互动，鼓励学生积极参与教学过程。同时，应加强实践教学的环节，通过实践锻炼学生的实际操作能力和解决问题的能力。第二，采用现代化的教学技术。随着现代科技的不断发展，教学技术也得到了快速发展。因此，可以采用多种现代化的教学技术，如多媒体教学、虚拟实验室、互动式教学等，提高教学效果和趣味性。第三，强调课程的针对性和实用性。教学课程应该具有针对性和实用性，紧密结合职业需求和实际应用，注重学生职业技能的培养和应用能力的提高。第四，培养创新思维和实践能力。教学应该注重培养学生的创新思维和实践能力，通过项目式教学、竞赛等方式，激发学生的学习兴趣和创新潜力，促进学生综合素质的提高。第五，加强教师培训和评价。教师是教学中的重要组成部分，应该加强对教师的培训，提高教师的专业素养和教学能力。同时，应建立科学的教师评价机制，激励教师进行教学创新。

（3）优化课程设置和课程体系。课程设置和课程体系是教学质量的重要保障，需要不断优化和完善。具体做法：第一，优化课程设置。根据职业需求和学生发展需求，优化课程设置，充实课程内容，注重课程的实践性和应用性，提高学生的职业技能。第二，构建科学的课程体系。根据专业特点和学科特点，构建科学的课程体系，注重课程的横向联系和纵向发展，建立完整的课程体系，提高教学质量。第三，鼓励跨学科课程设置。随着各个学科之间的交叉融合，跨学科课程的设置越来越重要。因此，应鼓励和支持跨学科课程的设置和开发，提高学生的综合素质和创新能力。

（4）加强教学质量监控和评估。教学质量监控和评估是教学质量管理的重要环节，需要建立科学的监控和评估机制，提高教学质量。具体做法：第一，建立科学的教学质量监控体系，采用现代化的监控手段，对教学过程和教学质量进行全面监控。第二，加强教学质量评估。评估是提高教学质量的有效手段，需要建立科学的评估体系和方法。可以通过评估学生对课程的评价、对教师的教学评价、对教学设备和教学环境的评价等，全面反映教学质量的状况。第三，落实教学质量监控和评估结果。监控和评估的结果应当得到落实，针对存在的问题和不足进行改进与完善。同时，要及时公布监控和评估结果，让学生、教师和社会公众了解教学质量的状况，促进教学质量的不断提高。第四，建立学习效果评估机制。学习效果评估是评价教学效果的重要手段，需要建立科学的评估体系和方法，对学生的学习成果进行全面的评估和分析，为教学改进提供有效的参考和依据。第五，加强对教学质量管理的宣传和推广。高等教育管理部门应当积极宣传和推广教学质量管理的理念和方法，鼓励学校和教师加强教学质量管理，提高教学质量。可以通过举办研讨会、发表文章、制定标准等方式，加强对教学质量管理的宣传和推广。

（二）推动高等教育管理的改进

教学创新还可以推动高等教育管理的改进，主要表现在以下几个方面：

1. 提高管理效率

教学创新需要加强管理，可以从以下几个方面入手：第一，建立教学创新管理机制。教学创新管理机制应该是一个完整的体系，包括管理层级、工作职责、流程规范等。通过建立科学的教学创新管理机制，可以实现教学创新的有效管理和实施，提高管理效率。第二，完善教学创新管理流程。在教学创新管理流程中，应该明确各个环节的职责和要求，并建立相应的流程规范。通过完善教学创新管理流程，可以减少管理流程中的重复、冗余等问题，提高管理效率。第三，采用现代化的管理工具。在管理过程中，可以采用现代化的管理工具，如信息化系统、大数据分析等，以提高管理效率和决策水平。第四，加强管理人员的培训。管理人员应该具备一定的管理理论和实践经验，同时还应该不断地学习和接受培训，以提高管理效率和管理水平。

总之，在高等教育管理中，借鉴教学创新的管理做法，可以提高管理效率与管理水平，促进高等教育管理的现代化和改进。

2. 增强服务能力

教学创新需要为教师和学生提供更好的服务，如提供教学资源、教师培训等，这些做法可以应用于高等教育管理，增强服务能力。

（1）教学资源共享。教学资源共享是指学校和教师通过合作，共享优质教学资源，提高教学质量。共享教学资源可以帮助教师节省时间和精力，提高教学效率和质量。同时，共享教学资源也有利于学校之间的交流和合作，促进教学改革和创新。

教学资源共享的具体做法：第一，建立教学资源共享平台。学校可以建立教学资源共享平台，通过平台，教师可以上传和下载教学资源，分享自己的教学经验和成果。第二，加强教学资源的分类和管理。教学资源的分类和管理对于资源共享的有效性至关重要。学校应该根据教学需要和特点，对教学资源进行分类管理，方便教师查找和使用。第三，鼓励教师共享教学资源。学校应该积极鼓励教师共享教学资源，并对共享的教学资源进行评估和认定，给予相应的奖励和激励。

（2）教师培训。教师培训是提高教师教学能力和水平的重要手段。教师培训可以提供丰富的教学理念和方法，培养教师的教学能力和素质，提高教师的专业水平和综合素质。

教师培训的具体做法：第一，制订教师培训计划。学校应该制订针对性强、内容丰富的教师培训计划，包括教学理论和实践教学等方面。第二，加强教师培训的实效性。学校应该采取有效的培训方式和方法，使教师培训具有实效性，培养教师的实际操作能力和解决问题能力。第三，鼓励教师参加教学比赛和交流活动。教师参加教学比赛和交流活动，可以通过实际操作和交流学习到更多的教学经验和方法。

教师培训的具体作用：第一，提高教师的专业水平和综合素质。教师培训可以提供丰富的教学理念和方法，提高教师的教学水平和素质，增强教师的综合能力。第二，加强教学资源共享和交流。教师培训可以为教师提供交流和合作的平台，促进教师之间的交流和共享教学资源，提高教学效果和质量。第三，推广先进的教育理念和方法。教师培训可以推广先进的教育理念和方法，引导教师探索创新的教学模式和方法，推动教学改革。第四，提高服务效率和质量。通过教师培训，可以提高教师的教学水平和素质，提高服务效率和质量，满足学生和家长的需求和期望。

因此，加强教师培训，提高教师的教学能力和素质，可以增强高等教育管理的服务能力，促进高等教育教学质量的提高和教学改革的推进。

3. 提升管理水平

教学创新需要提高管理水平，如提高教师的教学能力、教育教学科研能力等，这些做法可以借鉴并运用到高等教育管理中，以提升管理水平。第一，提高教师的教学能力。教师是教学创新的主体，教师的教学能力直接关系到教学质量和效果。因此，高等教育管理部门需要加强对教师的培训和管理，提高教师的教学能力和素质。具体做法包括制订教师培训计划、加强教师培训的实效性、鼓励教师参加教学比赛和交流活动等。第二，加强教育教学科研能力。教育教学科研能力是提高教育教学质量和水平的重要保障。高等教育管理部门需要加强对教育教学科研的支持和引导，提高教师的科研能力与水平，鼓励教师开展教育教学研究和创新。第三，建立科学合理的管理体系。高等教育管理部门需要建立科学合理的管理体系，以保证教学创新的有效实施和推广。具体做法包括建立教学创新管理机制、完善教学创新管理流程等。第四，注重信息化建设。信息化建设是提高高等教育管理水平的重要途径。高等教育管理部门需要加强对信息化建设的投入和管理，推进教育教学信息化建设，提高信息化应用水平。第五，促进校企合作。校企合作是提高高等教育管理水平的有效途径之一。高等教育管理部门需要积极推动校企合作，建立校企合作机制，为教育教学提供更好的支持与保障。

综上所述，提升高等教育管理水平，有助于更好地支持和推进教学创新。高等教育管理部门应该不断加强自身的建设和发展，为教学创新提供更好的支持与保障。

三、高等教育管理与教学创新的合作

高等教育管理需要了解和掌握教学创新的最新发展趋势及成果，为教学创新提供更好的支持与保障；教学创新也需要充分考虑高等教育管理的需求和要求，与管理部门协作，共同促进高等教育的可持续发展。

（一）高等教育管理需要了解和掌握教学创新的最新发展趋势和成果

1. 关注教学创新的最新趋势和成果

高等教育管理部门应该时刻关注教学创新的最新趋势和成果，包括新的教学方法、新的教育技术、新的教育理念等，为教学创新提供更好的支持与保障。

2. 积极推广教学创新成果

高等教育管理部门可以通过举办展览、组织研讨会等形式，积极推广教学创新成果，为教师提供更多的教学参考和借鉴，同时也可以为教学创新提供更多的机会和平台。

3. 制定相关政策和规定

高等教育管理部门应该制定相关政策和规定，为教学创新提供合理的制度和保障，包括教师的评价和激励机制、教学资源的共享机制等方面。

（二）教学创新需要充分考虑高等教育管理的需求和要求

1. 关注高等教育的发展方向

教学创新需要充分考虑高等教育的发展方向，把握高等教育的发展脉络，紧密联系高等教育的发展需求，充分发挥教学创新在高等教育发展中的重要作用。

2. 与管理部门协作

教学创新需要与高等教育管理部门紧密协作，共同制定教学创新的政策和规定，提出教学创新的需求和建议，保障教学创新的顺利进行。

3. 充分利用高等教育管理的资源和平台

教学创新可以充分利用高等教育管理的资源和平台，包括教学设施、教学资源、教师培训等，加强与管理部门的合作，实现资源共享和互通有无。

4. 关注学生需求和社会需求

教学创新需要充分考虑学生的需求和社会的需求，根据不同专业、不同学生的需求，开发和推广符合实际需要的教学模式和方法，为学生和社会提供更好的服务。

5. 加强教学创新成果的推广和应用

教学创新需要加强成果的推广和应用，通过宣传、展示、交流等方式，推广教学创新成果，加快其在高等教育领域的应用和普及，为高等教育的可持续发展做出更大的贡献。

总之，高等教育管理和教学创新需要密切合作，共同推动高等教育的发展。

第二节　高等教育管理与教学创新的协同效应和优化路径

高等教育管理与教学创新之间的协同作用可以促进高等教育的现代化和创新发展，从而提高教育质量和培养能力。具体而言，高等教育管理可以提供良好的教学资源、课程设置和教学评价机制，为教学创新提供保障和支持；而教学创新可以为高等教育管理提供创新思路和方法，促进教学管理的现代化和科学化。在协同作用的基础上，高等教育管理与教学创新的优化路径可从以下几个方面展开：

一、加强师资队伍建设推进教学创新和高等教育管理现代化

高等教育机构需要加强对教师的培训和评价，提高教师的教学能力和教育素质，培养具有创新精神和实践能力的教师队伍，从而推动教学创新和高等教育管理现代化的共同发展。

（一）加强教师培训

教师是教学活动中最核心的人员之一，他们的教学能力和水平直接关系到教学质量的高低。因此，高等教育机构需要加强对教师的培训，提高教师的教学能力和教育素质，培养具有创新精神和实践能力的教师队伍。具体做法包括以下几种：

1. 制订针对性强、内容丰富的教师培训计划

高等教育机构应该根据教学需要和教师实际情况制订针对性强、内容丰富的教师培训计划，涵盖教学理论和实践教学等方面。培训内容应该紧密联系实际教学，使教师能够真正掌握教学方法和技巧，提高教学水平。

2. 采取多种有效的培训方式和方法

高等教育机构可以采取多种有效的培训方式和方法，如讲座、研讨会、教学观摩、案例分析、模拟教学等。这些培训方式和方法不仅可以让教师在短时间内掌握丰富的教学知识，还可以让教师与同行交流学习，提高教师的教学能力。

3. 鼓励教师参加教学比赛和交流活动

高等教育机构可以鼓励教师参加教学比赛和交流活动，通过实际操作和交流学习到更多的教学经验和方法。同时，参加这些活动还可以提高教师的专业水平和教学水平，为教学创新提供更好的支持和保障。

（二）加强教师评价

教师评价是提高教学质量的关键环节。高等教育机构需要建立科学的教师评价体系，从多个角度全面评价教师的教学表现和教学质量，提高教师的教学能力和教育素质。

1. 建立科学的教师评价指标体系

学校应该制定科学的教师评价指标体系，包括教学能力、教育质量、科研能

力、师德师风等多个方面，全面评价教师的教学表现和教学质量。

2. 采用多种评价方法和手段

学校应该采用多种评价方法和手段，包括学生评价、同行评价、学科评价等，从多个角度全面评价教师的教学表现和教学质量。

3. 建立激励机制

学校应该建立激励机制，对表现优秀的教师给予奖励和提升机会，对表现不佳的教师进行帮助和指导，激励教师不断提高教学质量和教学水平。

二、优化教学资源配置促进教学创新

高等教育机构需要加强对教学资源的开发和利用，包括数字化教学资源、实验室和设备等，为教学创新提供保障和支持。

（一）数字化教学资源

数字化教学资源是当前教学创新中不可或缺的一部分，是将教学资源数字化、网络化、智能化的重要手段，它可以使教学资源实现共享，提高教学效率和质量。因此，优化数字化教学资源的配置是推动教学创新的重要环节。

1. 建设数字化教学平台

学校应该建立数字化教学平台，提供数字化教学资源的存储、管理和共享服务，为教师和学生提供更为便捷的教学资源获取方式。

（1）数字化教学资源的存储、管理和共享服务。数字化教学平台的主要功能之一是提供数字化教学资源的存储、管理和共享服务。数字化教学资源包括数字化课件、电子图书、在线视频、虚拟实验等多种形式，这些资源的存储、管理和共享需要一个安全、稳定、高效的平台来支持。

数字化教学资源的存储。数字化教学平台需要提供稳定可靠的存储服务，确保教学资源的安全性和完整性。平台应该采用分布式存储技术，将教学资源存储在多个服务器上，确保资源的备份和可靠性。同时，平台需要提供数据加密和备份功能，确保资源的安全性和可恢复性。

数字化教学资源的管理。数字化教学平台需要提供全面的资源管理功能，包括资源的上传、编辑、删除、归档等。平台需要支持多种格式的教学资源，并提供资源的分类、标注、搜索等功能，便于教师和学生查找和使用。同时，平台需要提供资源使用情况的统计和分析功能，帮助教师了解教学资源的使用情况，优化对教学资源的管理。

数字化教学资源的共享。数字化教学平台需要提供资源共享功能，使教师和学生能够方便地分享和获取教学资源。平台需要支持多种资源共享方式，包括公开共享、受限共享和私有共享等，同时需要提供权限管理功能，确保资源的安全性和可控性。

（2）为教师和学生提供更为便捷的教学资源获取方式。数字化教学平台可以为教师和学生提供更为便捷的教学资源获取方式，增强教学资源的可访问性和可用性。具体做法如下：第一，支持多种终端访问。数字化教学平台需要支持多种终端的访问，包括计算机、平板电脑、手机等，确保教师和学生能够随时随地通过数字化平台获取教学资源。第二，提供丰富的教学资源。数字化教学平台应该提供丰富的教学资源，包括课程视频、课件、文献、案例等，同时也可以允许教师和学生上传与分享教学资源，提高教学资源的共享性和互动性。第三，实现教学资源的存储和管理。数字化教学平台需要实现教学资源的存储和管理，包括教学资源的分类、标记、检索和备份等功能。通过建立科学的资源管理体系，可以保证教学资源的安全性和有效性。第四，提供智能化的教学资源推荐。数字化教学平台可以通过智能化算法，根据学生的学习情况和学科特点，推荐适合学生的教学资源。这种方式可以提高教学资源的个性化程度，满足学生的个性化学习需求。第五，建立数字化教学资源共享平台。基于数字化教学平台可以建立数字化教学资源共享平台，允许教师和学生共享教学资源，实现教学资源的共享和互动。这种方式可以打破学科和院系之间的壁垒，促进资源的共享和交流。

2. 提供优质的数字化教学资源

数字化教学资源是数字化教学平台的重要组成部分，是支撑数字化教学的重要保障。学校应该优先选择优质的数字化教学资源，保证数字化教学资源的质量和可靠性，同时，要根据不同学科和专业的需要，提供符合学科和专业特色的数字化教学资源。以下是具体做法：

（1）选择高质量的数字化教学资源。学校应该优先选择高质量的数字化教学资源，包括课程教材、教学视频、实验教学软件、教学案例等。这些资源应该具备严谨的学术态度、先进的教学理念和方法，能够有效提高教学质量和教育教学效果。

（2）满足不同学科和专业的需求。不同学科和专业对教学资源的需求有所不同，学校应该根据不同学科和专业的需求，提供符合学科和专业特色的数字化教学资源。比如，在工程学科中，需要提供相关的计算机辅助设计软件和实验教学平台；在艺术学科中，需要提供艺术作品的数字化展示平台和教学视频等。

（3）注重数字化教学资源的更新和升级。数字化教学资源的更新和升级是保证数字化教学资源质量的重要手段。学校应该定期对数字化教学资源进行更新和升级，保证其与时俱进，适应教育教学的最新需求。

（4）建立数字化教学资源的评价体系。数字化教学资源的评价体系可以对数字化教学资源的质量进行评估和监测。学校应该建立数字化教学资源的评价体系，评价数字化教学资源的学术性、实用性、创新性等方面，为数字化教学资源的质量提供保障。

总之，学校应该注重数字化教学资源的选择和更新，提供符合不同学科和专业需求的数字化教学资源，并建立科学的评价体系，为数字化教学提供更为优质的支持和保障。

3. 开展数字化教育教学研究

开展数字化教育教学研究是提高数字化教学质量和效果的重要途径。数字化教学资源的应用需要教师具备相应的教学能力和教育技术素养，学校应该开展数字化教育教学研究，为教师提供教学方法和策略的指导和支持。

（1）明确研究方向和目标。学校应该明确数字化教育教学研究的方向和目标，包括数字化教学资源的开发和应用、数字化教育平台的建设和管理、数字化教育教学模式的探索和创新等方面。同时，要根据学校的实际情况和需求，确定研究的重点和优先方向。

（2）建立数字化教育教学研究团队。学校应该建立数字化教育教学研究团队，吸引优秀的教师和研究人员加入，共同开展数字化教育教学研究。研究团队应该具备多学科交叉的研究能力，结合学校的教育教学实践和需求，开展深入的研究和探索。

（3）开展数字化教育教学研究项目。学校可以申请相关的数字化教育教学研究项目，通过项目的申报和实施，开展数字化教育教学研究。研究项目可以围绕数字化教学资源的开发和应用、数字化教育平台的建设和管理、数字化教育教学模式的探索和创新等方面展开，探索数字化教育教学的前沿问题和挑战。

（4）开展数字化教育教学研究成果的推广和应用。学校应该加强数字化教育教学研究成果的推广和应用，将研究成果转化为实际的教学行动，提高数字化教学质量和效果。推广和应用可以通过教师培训、教学实践、研讨会等方式进行，为教师提供教学方法和策略的指导和支持，促进数字化教育教学的创新和发展。

（二）实验室和设备

实验室和设备是支撑教学创新的重要条件之一，是教学活动中不可或缺的一部分。优化实验室和设备的配置可以为教学创新提供保障和支持，提高教学效果及质量。

1. 提供先进的实验室和设备

学校应该优先配置先进的实验室和设备，保证实验室和设备的质量和性能，同时，要根据不同学科和专业的需要，提供符合学科和专业特色的实验室和设备。

高等院校是我国培养人才的主要参与者。高等院校的实验室，则是我国培养创新型人才的主要基地，也是推动我国完成科技强国战略的中坚力量。高等院校应该根据其自身设置的学科、学业的特点，结合高等院校自身经济实力、培养人才方向以及所在区域经济和科技的发展与需要，为实验室配备不同的实验器材，组织具有丰富科学研究和教学管理的教师组成高等院校实验室师资和管理队伍。在职能分工过程中，应该将利用实验室所组织的所有活动都交由实验室管理人员负责，如对实验室内各种实验器材的使用与管理、对实验室内环境的检测与管理、实验室进出人员的登记管理、实验室的安全检查与管理。对高等院校实验室的建设与管理，不能仅仅局限于对实验器材进行使用、保养等工作，同时需要注意实验室规章制度制定、环境构建、人员管理等一系列工作。

培养实践型、创新型人才。高等院校的实验室建设与管理，应该将"培养实践型、创新型人才"作为主要的工作目标，并以此对实验室的建设与管理工作进行科学、合理的规划。将实验室器材、设备的采购计划、实验室环境的布局、实验室师资人员的选用，与高等院校各学科、各专业、各学年学生的实际情况相结合，并且对学生在实验室学习与动手实践的情况进行打分和记录，进而对实验室的综合收益进行有效的分析。

2. 加强实验室和设备的管理

学校应该建立健全的实验室和设备管理机制，保证实验室和设备的正常运转和安全使用，定期进行检查和维护。

（1）优化设备、加大资金投入。实验室的发展，离不开硬件设备的投入，只有硬件设备跟得上现代经济与科技的发展，才能为培养与时俱进的人才奠定坚实的基础。高校应该对本学校实验室现有的实验器材进行清点，与实验类课程教师和管理人员共同分析：现有实验器材是否可以继续使用，是否需要进行维护和升级，是否有必要购买新的实验器材，需要新购入的实验器材的生产厂家与价格等。将实验室需要采购的实验器材分批列入高校的采购计划，并有计划地对实验室的现有设备进行保养和升级。

（2）优化及贯彻落实实验室各项规章管理制度。优化实验室的建设与管理工作，离不开各项规章管理制度的支持。高校应该对本学校的实验室规章管理制度进行分析，剔除陈旧的、与现代高校发展不相符的制度，制定详细的实验室使用、实验器材领用与保养、实验室环境维护、实验室安全等相关规定，并严格依照规章制度进行相关的工作并填写工作记录本。高等院校应该意识到，实验室的各项规章、管理制度的制定与遵循，对维护高校实验室的正常运转、发挥实验室的最大效用具有深远的影响，也是对实验室日常运转、相关工作人员与学生的生命安全的保证。

（3）优化现有实验室师资队伍、加强对专业人才的引进。高质量的实验类课程、优秀的实验室管理工作，离不开专业的实验室师资力量和管理人员。因此，高校应该为实验类课程选聘专业水平较高，并且具备一定的社会实践经验的教师为学生进行授课，将实验类课程开展的质量评估，列入对相关教师的工作考评，要求教师对实验类课程的授课内容、学生表现、课程开展质量进行详细的记录。同时，应该对实验室管理人员的工作记录进行定期的检查，对实验室管理工作的完成情况进行不定期的抽查，推动实验室管理工作人员对自身工作能力的建设，以保证相关教师和管理人员对实验类课程的重视程度。

（4）提高实验类课程学分在学生成绩中的比重。很多高等院校的实验室建设与管理工作完成质量较高，然而实验类课程的开设质量却很低，究其原因是高校虽然投入了大量的资金和人力资源不断完善实验室的建设，但是实验类课程的学分在整体成绩中比重较低、考核较松，造成学生轻视了对实验类课程的学习。因此，有必要对现阶段的实验类课程的学分设计进一步优化，细化对学生的考核内容，对学生的实验类课程表现进行综合打分。

（5）在现有的实验室建设与管理工作中引入现代科技元素。现代高校实验室建设与管理工作日趋复杂，在其中引入现代科技元素，能够在很大程度上提高实验室建设与管理工作的质量与效率。例如，利用计算机网络的强大存储及快速调用信息的功能，将实验室的日常管理内容搭建在计算机网络之中，将实验室的使用、清扫等信息同步在计算机网络之中，通过该平台，能够快速查询到实验室的占用情况及预约情况，方便管理人员对实验室的日常管理。同时，高水平的计算机网络管理还可以实现无纸化办公，以及学生实验类课程课堂表现的图像资料存储，为高等院校进一步优化实验室建设与管理工作奠定基础。

3. 开展实验教学研究

实验教学是教学活动中重要的环节，学校应该积极推动实验教学研究，探索适合学科和专业特点的实验教学方法与模式，提高实验教学效果和质量。

（1）实验教学内容。主要分为基础规范性实验、综合设计性实验和探索研究性拓展三大类，三者呈递进关系。

（2）实验室资源构成。随着高等教育体制的改革，高校实验教学示范中心建设不断推进，实验室资源整合初步完成。遵循"大平台"构建理念，实验教学示范中心旨在为高校各专业、学科提供专业的实验服务。

（3）实验室功能。实验室的功能主要有教学、科研、社会服务、大学生实践创新、学科技能大赛、创业服务等。

（4）实验室管理。实验室管理主要包括实验室建设规划、实验教学项目建设与更新维护、教学与科研实验室资源配置的协调、教学科研实验资源开放、安全与环境管理、仪器设备维护及运行经费管理等。

（5）实验室建设拓展。致力于建设跨专业、跨学科实验教学资源共享的开放管理机制，建设跨校优质实验资源共享机制，建设"校政企深度合作"共建实验室的建设管理机制等。

（6）实验室工作内容的依托。高校教学实验项目的开发设计主要依托专业、课程负责人；实验室的建设规划、实验教学设备配置建设依托实验室建设管理部门，由实验室统筹实施，资源使用效益评估与项目建设规划目标密切相关；实验室的顺利有序运行则依靠制度和日常管理；实验室建设与实验教学开展的推动依赖教学评估工作；实验教学与管理的信息化建设由实验室自行承担；实验室开放、资源共享机制的创设依托实验室的规划与组织实施；实验室建设与实验教学改革工作由实验室组织，并由实验教学人员落实。

（7）实验室建设与实验教学管理的具体内容。主要包括实验室建设规划与制度建设，实验项目开发设计、维护与更新，实验室资源配置及实验室建设项目绩效考评，实验教学安全保障及日常运行管理，实验室开放及资源共享，实验室教学及资源信息化平台建设与管理，实验教学队伍建设，实验室建设与实验教学改革研究的组织，等等。实验室建设与管理的各环节环环相扣，一旦某个环节出现故障，必将使整个管理过程运行不畅，造成资源浪费，进而无法完成培养符合社会发展需求的创新型、应用型人才的任务。由此可见，必须加强实验室建设与实验教学功能的整合，才能最大化发挥实验室的作用。

4. 加强实验室和设备的开放共享

实验室和设备的开放共享可以提高教学资源的利用率，促进学科交叉和合作，学校可以通过制定实验室和设备开放共享的规则，建立开放共享的机制和平台，促进实验室和设备的资源共享和利用。

（1）制定开放共享规定。学校需要制定针对性强、具有可操作性的实验室和设备开放共享的规则，包括开放时间、使用范围、使用方式、管理责任等方面。规则应当明确、详细、公开透明，以确保实验室和设备的合理使用与管理，同时防止实验室和设备被滥用或浪费。

（2）建立开放共享的机制和平台。学校应该建立开放共享的机制和平台，包括制订实验室和设备开放共享计划、建立开放共享的网络平台、提供开放共享的服务等。通过建立完善的机制和平台，可以实现实验室和设备的资源共享和利用。

制订实验室和设备开放共享计划。学校需要制订实验室和设备开放共享计划，明确开放共享的时间和范围、使用的方式等，提高实验室和设备资源的利用效率与使用效益。

建立开放共享的网络平台。学校可以建立开放共享的网络平台，为师生提供便捷的在线申请和预约服务。平台应该包括实验室和设备的信息、使用规定、预约申请等功能，方便师生进行实验室和设备的预约和使用。

提供开放共享的服务。学校应该提供开放共享的服务，包括实验室和设备的开放时间、开放范围、使用方式等服务。同时，应加强实验室和设备的维护和管理，确保实验室和设备的正常运转和安全使用。

（3）促进实验室和设备的资源共享与利用。为促进实验室和设备的资源共享与利用，学校需要加强实验室和设备的开放共享宣传，培育师生共享资源的意识和习惯，同时建立多种共享机制。

加强实验室和设备的开放共享宣传。学校需要加强实验室和设备的开放共享宣传，通过学校网站、公众号、校园电视等多种渠道，向师生宣传实验室和设备的开放共享政策与规定，鼓励师生积极参与实验室和设备资源的共享和利用。

建立资源共享平台。学校可以建立实验室和设备资源共享平台，通过平台，学校可以将实验室和设备资源的信息进行汇总和管理，师生可以查询实验室和设备的可用性和预约情况，并进行预约与使用。

加强实验室和设备的整合。学校可以通过教学交流、科研合作，以及建立实验室和设备资源共享的联合体等方式，加强资源的整合和共享，提高资源的利用率和效益。

（4）制定资源共享和利用的规则与标准。学校应该制定实验室和设备资源共享和利用的规则与标准，明确资源的共享和利用流程、标准及条件，规范资源的使用和管理，保障资源的安全和有效利用。同时，学校应该建立资源共享和利用的考核机制，对资源共享和利用情况进行定期考核与评估，为资源共享和利用提供有效保障与支持。

加强实验室和设备的开放共享，可以提高资源的利用效率和价值，减少资源的浪费与重复建设。

三、建设教学评价机制，推进教学质量的提高

高等教育机构需要加强对教学评价机制的建设，对教学创新进行科学评估和激励，及时发现和解决教学中的问题和难点，不断推进教学质量的提高。教学评价是提高教学质量的关键环节，它可以帮助教师及时发现和解决教学中的问题和难点。教学评价应该是一个全方位的过程，从教学设计到教学实施再到教学效果的评估，都需要被纳入教学评价的范畴。

实施教学评价的具体做法：第一，制定评价标准和方法。学校应该制定符合教学实际的评价标准和方法，包括教学效果、教学方法、教学内容等方面的评价指标，确保评价标准和方法科学可行。第二，开展课堂教学观察。学校应该安排专业的教学督导人员对教学过程进行观察和评价，发现教学中存在的问题和难点，提出改进意见和建议。第三，收集学生的反馈意见。学生是教学活动的主体，收集学生的反馈意见对教学评价十分重要。学校可以通过课堂调查、问卷调查等方式，收集学生对教学质量和教学效果的反馈意见。第四，开展教师自我评价。教师应该对自己的教学过程进行评价和反思，及时发现自身存在的问题与不足，并进行改进和提高。第五，定期评估与改进。学校应该定期进行教学评价，对评价结果进行分析和总结，发现存在的问题与改进的空间，及时采取措施加以改进和提高教学质量。

实施教学评价的意义：第一，提高教学质量。通过实施教学评价，及时发现教学中存在的问题和不足，为教学质量的提高提供保障。第二，促进教师的教学发展。实施教学评价可以帮助教师发现自身存在的问题和不足，及时改进和提高教学水平。第三，提高学生的学习效果。通过实施教学评价可以及时发现学生在学习中存在的问题和困难，为学生提供更好的学习环境和资源，提高学生的学习效果。第四，提高教学管理水平。通过实施教学评价，学校可以及时发现教学管理中存在的问题和不足，提高教学管理水平，为教学质量的提高提供支持与保障。

（一）教学设计评价

教学设计评价是评估教学质量的首要环节。教学设计评价的目的是确保教学活动的目标与教学计划的紧密配合，教学内容的合理性和科学性，教学方法的多样性和灵活性，以及课堂互动的积极性和有效性。教学设计需要根据教学目标和学生的实际需求，制订相应的课程计划和教学方案，确保教学过程的顺利开展。

（二）教学实施评价

教学实施评价是评估教学质量的重要环节。教学实施评价的目的是检查教学过程的实施情况和教学效果的达成情况，发现教学中存在的问题与难点，及时采取措施加以改进。在教学实施评价过程中，需要关注教师教学的内容、方法、互动等方面，同时也要注重学生的反馈和评价，从而提高教学效果。下面从教师和学生两个角度，探讨教学实施评价的具体做法。

1. 教师角度

（1）关注教学内容。教学内容是教学实施评价的重要方面之一，教师需要从课程的设计、知识的传授、教学的实践等方面进行评价。具体做法如下：第一，评价课程设计。教师需要评价课程设计是否符合学科特点和学生需求，是否具有一定的难度和挑战性，是否能够提高学生的综合能力等。第二，评价知识传授。教师需要评价自己的知识传授是否准确、清晰、有条理，是否能够引导学生深入理解和掌握知识点。第三，评价教学实践。教师需要评价教学实践的有效性和实用性，是否能够帮助学生将理论知识应用到实践，是否能够提高学生的技能和能力等。

（2）关注教学方法。教学方法是教学实施评价的另一个重要方面，教师需要从教学方法的多样性、适用性、互动性等方面进行评价。具体做法如下：第一，评价教学方法的多样性。教师需要评价自己的教学方法是否丰富多彩、灵活多变，是否能够满足不同学生的学习需求。第二，评价教学方法的适用性。教师需要评价自己的教学方法是否适用当前的教学场景，是否能够帮助学生更好地理解和掌握知识点。第三，评价教学方法的互动性。教师需要评价自己与学生之间的互动是否充分，是否能够促进学生的思考和参与，是否能够激发学生的兴趣和热情。

2. 学生角度

学生反馈是教学实施评价的重要组成部分，教师需要及时收集和分析学生的反馈，从而了解学生的学习情况和对教学的评价，及时改进教学方法和内容，提高教学效果。具体做法：第一，设立反馈机制。学校可以设立反馈机制，鼓励学生对教学过程和教学质量进行反馈与评价。可以采用在线调查、课堂反馈等方式收集学生的反馈意见，同时也可以定期组织学生座谈会、小组讨论等，深入了解学生对教学的看法和建议。第二，及时分析和整理反馈结果。收集到学生的反馈意见后，教师需要及时分析和整理反馈结果，了解学生的需求和反映的问题，找到问题的根源，并及时采取措施改进教学方法和内容。同时，教师也需要注意对学生反馈的回复和处理，及时传达教师对学生反馈的重视和关注。第三，注重定期评估。定期对教学效果进行评估和分析，及时发现问题并加以解决。评估可以采用定量和定性相结合的方法，包括问卷调查、观察记录、课堂测试等，以全面了解教学实施效果，进一步完善教学过程。第四，提高学生参与度。学生参与度是教学实施评价的重要指标之一，教师需要采取措施提高学生的参与度，激发学生的学习兴趣和热情，增强学生的自主学习能力。可以采用案例分析、小组讨论、互动式教学等方式，促进学生参与教学过程，提升教学效果。

（三）教学效果评价

教学效果评价是评估教学质量的重要手段。教学效果评价的目的是检验教学目标的实现程度和教学效果的质量，评价学生对课程的掌握程度和学习成果的实际应用情况。在教学效果评价过程中，需要运用各种评估工具和方法，如测试、问卷调查、观察等，以便准确地评估学生的学习成果和教学效果。教学效果评价应该全面、客观、科学地评估教学的质量，对于教学的改进和提高具有重要的意义。

1. 确定评价指标和方法

教学效果评价需要确定相应的评价指标和方法。评价指标应该覆盖教学目标、教学内容、教学方法、教学质量和学生学习成果等方面，可以采用考试、作业、实验、讨论、调查问卷等多种方法进行评价。

2. 采用多种评价方法

教学效果评价应该采用多种评价方法，对学生的掌握程度和学习成果进行全面、客观、科学的评价。评价方法可以包括学习成绩、实验结果、调查问卷、讨论质量等。

3. 重视学生反馈

学生的反馈对于教学效果评价具有重要的意义。教师应该及时收集学生的反馈信息，了解学生对教学的看法和建议，通过学生的反馈来调整教学策略和方法，提高教学效果。

4. 分析评价结果

教学效果评价需要对评价结果进行分析和总结，找出教学中存在的问题和不足，及时采取措施加以改进和提高。同时，评价结果也可以为教师提供参考，指导教学策略和方法的选择和调整。

5. 建立评价反馈机制

教学效果评价应该建立评价反馈机制，将评价结果反馈给教师和学生，促进教师和学生的沟通交流，提高教学质量和效果。同时，评价反馈机制也可以激励教师和学生积极参与教学效果评价活动，提高评价的参与度和有效性。

教学评价需要全面、科学、客观地进行，只有这样才能为教学质量的提高提供有效的支持和保障。通过及时发现并解决教学中的问题和难点，不断推进教学质量的提高，学校可以为学生提供更好的教育和培养服务，为学生未来的发展奠定坚实的基础。

第三节　高等教育管理与教学创新的整合实践与案例分享

高等教育管理与教学创新的整合实践可以通过多种途径实现，以下是一些实践案例分享。

一、课程整合案例

在某大学的管理学院中，开设了一门"创新创业管理"课程，该课程整合了管理学、创业学和经济学等学科的内容，通过团队合作、案例分析和实践操作等方式，培养学生的创新创业精神和实践能力。

（一）案例背景

创业管理课程是创业教育的核心组成部分，目前以课本的方式讲授创业管理仍是主流方式，然而这样的教学范式距离创业管理实践较远。常见的情况是，开学课堂上人头攒动，半学期后整个教室冷冷清清，鲜见有效的解决方案和可行之路。而我国著名教育家陶行知倡导的"做中学"的知识传授和学习方式，不仅渗透了现代教育学行动研究原理，还成为教育者知识传授法宝，也成为学习者有效吸收知识的良方。为此，如何在创业管理教学中有效地运用"做中学"的知识传授和学习方式，从而提高我国创业管理教学实效性便成为我国创业管理教学界面临的一个现实问题。

（二） 创业管理课程创新教学案例内容设计

1. 创新教学案例拟解决的问题

让参与创业管理教学的学生能够从现实教学中获得更多、更大的收益，从而使参与创业管理教学的学生能够真正喜欢创业管理的内容，使学生的被动接受变为主动参与，是创业管理课程之"理论传授＋创业者现身说法专题讲座＋移动课堂"教学模式拟设计的问题。

2. 创新教学案例设计的思路

创业活动的核心特点之一就是创新，创新是创业的灵魂。实践是创新的肥沃土壤，而广大创业者的实践经验是创业管理教育的宝贵财富。创业思维在实践中锤炼，与课堂理论相比，更为实际，没有烦琐的理论和华丽的修饰，却能一针见血，直击要害。基于这一思路，利用远志创业实验班创业管理教学提供的有利时机，采用自编创业管理教材，结合"请进来"的创业者现身说法和"走出去"的移动课堂，创造出一种全新的教学模式，并积极探索和实践这一模式。

（三） 创业管理课程创新教学案例总结

1. 创新教学案例设计重点

创业管理课程创新教学案例设计的重点主要体现在以下三个方面：第一，具有体现创业管理特色的教材；第二，邀请不同专题的创业者到课堂进行现身说法；第三，要有能力举办或者有机会观摩相关的项目路演、研讨会等。

2. 创新教学案例实施推进难点

在创业管理课程之"理论传授＋创业者现身说法专题讲座＋移动课堂"的教学实践中，难点主要体现在以下方面：第一，选用的教材如何能够吸引学生，如何让学生通过本教材的选用，获得比一般教材更多的实用性知识和收益；第二，邀请的创业者现身说法专题讲座如何与课程教学有效融合和衔接，以使理论教学内容和创业者现身说法专题讲座内容不会出现脱节，而是形成前后呼应、层层递进的关系；第三，移动课堂的内容如何实现对理论传授的进一步细化，如何有效地展示理论传授在现实社会生活中的具体运用。

3. 创新教学案例成果创新点

创业管理课程之"理论传授+创业者现身说法专题讲座+移动课堂"的教学实践的创新点主要体现在以下两个方面：

（1）"请进来"的创业者现身说法专题讲座。本案例中采用"理论传授+创业者现身说法专题讲座"的模式，结合理论传授中所涉及的某些具体专题，邀请相关的创业者对这些专题的操作实务进行现身说法，不仅规避了传统理论教学的枯燥无味，也避免了"心灵鸡汤"式的企业家讲座的不足，从而让学生获得更多的与专业相关的实务性知识，加深学生对理论传授知识的第一感觉，增强学生对理论知识的理解和运用。

（2）"走出去"的移动课堂。本案例中分别组织了川闽台众创空间公益行活动、"侨梦苑"路演(创业项目路演与资本对接会)、海西创新创业研习会暨海西互联网经济研究院筹备成立研讨会，这三次不同类别的移动课堂，让学生亲自体会众创空间、项目路演与互联网商业模式三个不同方面的知识点，并且这三次不同的移动课堂都是在实际的社会环境下进行的，能够让学生对社会现实有第一感知，使课堂的知识传授能够与社会现实形成较好的对应关系，让学生能够在学习的基础上不断地思考理论知识，提高学生理论学习的自觉性和主动性。

4. 创新教学案例改进推广中的关键点

创业管理课程之"理论传授+创业者现身说法专题讲座+移动课堂"的教学实践改进推广中的关键点主要有以下三个方面：

第一，创业管理教材的改进，使教学内容能够更好地服务于国家重大战略。随着"大众创业、万众创新"在我国持续推进，创业管理也日益受到国家和各个高校的高度重视，那么创业管理教学如何能够更好地服务于"双创"的开展，除从培养方案等形式方面需要加强，还需要使教学内容更好地服务于中国的实际、服务于政府的重大发展战略。

第二，对创业者的邀请。在创业管理教学中，案例教学和讲座教学是比较常见的教学方式。然而，许多教学案例都是关于国外或非常成功的创业者的，且案例撰写者和案例传授者通常不是同一人，这导致很多案例与学生实际体验相差甚远，学生难以真正理解案例产生的各种现实问题。讲座教学方面，不同讲座相关性不强，很多讲座者只是讲述自身的创业奋斗史，对学生理解创业管理相关知识的帮助不大。因此，如何结合课堂教学的具体专题内容，持续邀请不同类型的创业者就某个具体专题实践进行案例教学，是一个需要注意的关键点。

第三，移动课堂的选择和组织。创业管理教学内容涉及很多方面，可以供选择的移动课堂的内容也相对比较多，但移动课堂在具体内容的选择、方式的选择、学生组织和课堂本身的组织等方面涉及除教师和学生的各种社会资源的整合，这就增强了移动课程选择和组织的难度与不确定性。为此，移动课堂的选择和组织便成为一个非常值得思考的改进推广的关键点。

二、教师培训案例

某大学开展了一系列针对教师的培训活动，包括教学方法的改进、教育技术的应用、教学评价的方法等方面。通过这些培训活动，教师的教学能力和教学创新意识得到了提高。

（一）案例背景

某高校是一所综合性大学，拥有多个学院和专业，教师队伍庞大，但由于教学环境和教学资源的不断变化与更新，许多教师的教学能力和教育技术应用水平出现了较大差距，教学效果和教学质量不稳定。因此，为了提高教师的教学水平，这所高校开展了一系列针对教师的培训活动。

（二）培训目标

通过培训，让教师了解新的教学方法、教育技术的应用和教学评价的方法，提高教师的教学能力和教育技术应用水平，进一步提高教学质量。

（三）培训内容

1. 教学方法的改进

教师教学方法的改进是提高教学质量的关键。为了帮助教师更好地掌握教学方法，该大学举办了一系列教学方法的改进培训，包括课堂教学设计、教学设计和实施中的问题处理等方面。

（1）课堂教学设计。课堂教学设计是教师提高教学质量的基础，该大学为此举办了一系列课堂教学设计的培训活动。通过这些培训，教师学习了如何根据学生的年龄、性别、兴趣爱好和学科特点，合理设计教学内容和教学方法。

（2）教学设计和实施中的问题处理。教学设计和实施过程中，教师常常会遇到各种各样的问题，如课堂管理、学生行为等。该大学为此开展了一系列问题处理的培训，教师学习了如何合理规划课堂管理，有效处理学生行为问题，提高了教学效果和教学质量。

2. 教育技术的应用

教育技术的应用对于提高教学效果和教学质量有着非常重要的作用。该大学为此开展了一系列教育技术的应用培训，主要包括以下内容：

（1）介绍教育技术的最新发展动态和应用案例。通过介绍教育技术的最新发展动态和应用案例，让教育技术的应用培训更具前瞻性和针对性，同时也能够让教师更加深入地了解教育技术的发展历程、应用场景和未来趋势，从而为教师的教育教学提供更好的技术支持。

在教育技术的最新发展动态方面，可以向教师介绍一些目前颇为热门的技术趋势，如人工智能、虚拟现实、增强现实等，介绍这些技术的概念、特点和应用场景，以及它们在教育教学中的应用案例，让教师了解到这些前沿技术的潜在应用，从而激发教师的教育教学创新意识。

另外，教师还可以了解到一些基于互联网的在线教育平台和应用工具，如Coursera、edX、Khan Academy、Quizlet等，介绍这些平台和工具的特点、优势和应用场景，让教师了解如何在课程设计、教学资源管理、作业布置和考试评测等方面使用这些工具，提高教育教学的效率及质量。

（2）培训教师使用教育技术工具和平台。在教育技术的应用培训中，教师需要掌握一些教育技术工具和平台的使用方法和技巧，这些教育技术工具和平台涵盖了很多方面，如在线课程设计、教学资源管理、学习管理系统等，能够有效地帮助教师提高教学质量和效率。

在培训教师使用教育技术工具和平台方面，可以结合实际教学需求，有针对性地设计培训内容和方案。首先，需要向教师介绍具体的工具和平台，包括它们的功能、特点、优势等。其次，需要教师进行实际操作，如进行在线课程设计、上传和管理教学资源、设置学生作业等。通过实际操作，让教师深入了解教育技术工具和平台的使用方法及技巧，掌握如何在实际教学中应用这些工具和平台。

（3）教师团队内部交流和互动，分享教育技术的应用实践。教师团队内部交流和互动是教育技术培训的重要环节，通过与同行的交流和分享，教师可以更好地了解教育技术的应用情况，发现自身在教育技术应用方面的不足，以及寻找改进的方法和途径。

在该大学的教育技术培训活动中，教师团队内部交流和互动的方式主要有以下几种：第一，分组讨论，在教育技术培训活动中，教师可以根据自己的专业特点和需求，自由组成小组进行讨论。讨论的主题可以是某个具体的教育技术工具或平台的应用，也可以是教育技术在教学中的作用和影响等。通过分组讨论，教师可以分享自己的应用经验，互相学习和借鉴，从而提高教育技术的应用水平。第二，教学设计案例分享。在教育技术培训活动中，教师可以根据自己的教学实践，分享教学设计案例和教育技术的应用情况。分享的内容可以包括教学设计的整体思路、教育技术工具的选择和应用、教学效果的评价等。通过分享教学设计案例，教师可以获得同行的反馈和建议，以及改进教学设计的启示和灵感。第三，研讨会和展示活动。在教育技术培训活动中，可以组织研讨会和展示活动，让教师展示自己的教育技术应用成果和经验，分享成功的案例和方法。同时，研讨会和展示活动也可以为教师提供交流的平台，让教师之间相互学习和借鉴。第四，教育技术创新项目。在教育技术培训活动中，可以组织教育技术创新项目，让教师结合自身的专业特点和需求，开展教育技术的创新实践。通过教育技术创新项目，教师可以不断尝试和探索，从而提高教育技术的应用水平。

三、创新实践基地案例

某大学建立了"创新实践基地"，为学生提供创新创业实践的机会和资源。该基地通过与企业、政府和社会组织的合作，为学生提供实践项目、实践培训和实践资金等方面的支持。

（一）案例背景

某大学是一所重视创新教育的高等学府。为了更好地培养创新人才，该大学积极探索创新教育的实践模式，并于近年建立了创新实践基地。作为学校与企业、研究机构等单位合作的平台，该创新实践基地旨在为学生提供实践机会，加强学校与企业、研究机构的交流与合作，促进科技成果转化。创新实践基地的建立，旨在将学校与社会资源充分结合起来，将学校教育与社会需求相结合，帮助学生更好地了解企业的发展和市场的需求，提高学生的实践能力与综合素质，为学生的创新创业之路提供更好的支持与保障。

在创新实践基地的建立和发展过程中，该大学把握了产学研结合的主题，积极与企业、研究机构等合作伙伴开展合作，并在基地内创设了一系列实验室和科研平台，为学生提供了广阔的实践空间和机会。通过与合作伙伴共同开展科技创新项目和成果转化，学生得以参与到真实的科研和企业实践中，不断提升自身的实践能力和综合素质。同时，基地也为该大学和合作伙伴之间的交流与合作搭建了重要的平台，通过合作共赢的方式，推动了学校、企业、研究机构之间的深度合作，为学生的创新创业提供了坚实的基础。

为了更好地发挥创新实践基地的作用，该大学还制定了一系列管理制度和运行机制。其中包括建立完善的管理机构和人员配置，明确各项管理职责和工作流程，制定规范的管理制度和操作流程等。同时，该大学还注重引进和培养高素质的管理和技术人才，通过专业化的管理和服务，提高基地的管理和运行水平，为学生提供更好的实践环境和服务保障。

（二）案例实施

为了更好地培养创新人才，该大学建立了创新实践基地。创新实践基地是学校与企业、研究机构等单位合作的平台，旨在为学生提供实践机会，加强学校与企业、研究机构的交流与合作，促进科技成果转化。

1. 创新实践基地的建设目的

创新实践基地的建设旨在加强创新人才的培养，提高学生的实践能力，培养学生的创新思维和创新意识，同时促进学校与企业、研究机构等单位之间的合作与交流，推动科技成果转化。

2. 创新实践基地的建设内容

（1）实践基地的选择与合作。创新实践基地的选择与合作是建设创新实践基地的重要环节。学校需要根据本校的专业特色和学生的实践需求，选择单位合作建设创新实践基地。选择合作的单位应具备先进的技术、设备和资源，同时也要具备良好的社会声誉和品牌形象，为学生提供优质的实践机会和保障。

（2）实践项目的设计与实施。学校需要与合作单位共同设计和实施实践项目，根据学生的专业特点和实践需求，制定符合实际情况的实践项目。实践项目的设计应贴近实际需求，注重实践环节的设置和实践成果的展示。同时，学校也要对实践项目进行管理和监督，确保实践项目的顺利实施和取得实践成果。

（3）实践成果的评估与认证。学校要对学生的实践成果进行评估与认证，实践成果的评估应考虑到实践项目的难度、实践过程的质量、实践成果的效果等多方面因素，为学生提供全面的实践评价与认证。

（4）实践经验的分享与交流。学校要定期举办实践经验的分享与交流活动，让学生有机会与企业、研究机构等实践合作单位进行交流与互动，分享实践经验和成果，促进学校与合作单位之间的合作与交流。

3. 创新实践基地的运行机制

（1）组织专业团队。为了确保创新实践基地的运行，需要建立一支专业团队来负责基地的管理和运营。团队成员可以包括专业教师、行业专家、校内外企业代表等，他们应该具备相关的专业知识和实践经验，并能够有效地协调各方资源，推动基地的发展。

（2）开展项目申报和管理。创新实践基地需要开展项目申报和管理工作，包括项目的策划、申报、评审和监督等。项目的申报应该根据实际需要和专业特点确定，既要满足学生的学习需求，又要符合行业和社会的需求。项目管理需要建立科学的评审体系和监督机制，确保项目的质量和效果。

（3）建立合作机制。创新实践基地需要与校内外企业、政府部门、行业协会等建立合作机制，共同推动创新实践项目的开展。合作方式包括项目合作、人才培养合作、科研合作等多种形式，通过合作实现资源共享、优势互补、合作共赢。

（4）建立质量评价体系。创新实践基地需要建立质量评价体系，对项目的质量和效果进行评价。评价指标应该包括项目的创新性、实用性、影响力等多个方面，评价结果应该反馈到项目的改进和优化中，不断提高项目的质量和效果。

（5）建立激励机制。为了鼓励学生和教师参与创新实践项目的开展，创新实践基地需要建立激励机制。激励方式可以包括奖学金、荣誉称号、就业推荐等多种形式，通过激励实现学生和教师的积极性与创造性，推动创新实践项目的开展和发展。

（6）持续优化和改进。创新实践基地的运行是一个不断优化和改进的过程，需要及时总结经验和教训，不断完善机制和管理。同时也需要关注创新实践项目的发展趋势和需求，根据实际情况进行调整和改进，确保创新实践基地的运行和发展。

总之，创新实践基地是学校实践教育的重要载体，通过建立创新实践基地，学校不仅可以更好地促进学生创新能力的培养和实践能力的提升，还可以与企业、社会资源实现更紧密的联系，促进产学研合作和共赢。

四、教育技术的应用

某大学引入了虚拟现实技术和增强现实技术，为学生提供了更加丰富和多样的学习体验。通过虚拟现实技术和增强现实技术，学生可以进行实验操作、艺术创作和历史体验等方面的学习，加深对知识的理解和记忆。

(一) 在线教育平台应用案例

随着互联网技术的不断发展和普及，在线教育平台越来越受到关注和应用。以某在线教育平台为例，详细探讨在线教育平台的应用案例。

1. 案例背景

某在线教育平台是国内知名的互联网教育公司，致力于为广大学习者提供高品质、高效率的学习资源和服务。该平台采用现代化的教育技术和教学方法，为学生提供从学前教育到职业教育的全方位服务。

2. 在线教育平台的应用案例

(1) 教育培训。该平台提供的在线培训课程覆盖了各个领域，包括语言学习、考试培训、职业技能、兴趣爱好等多种类型。学生可以随时随地进行学习，还可以通过学习记录、成绩查询等功能，及时了解和反馈学习情况。同时，该平台还提供线上直播、互动讨论等形式的教学活动，让学生可以和教师、同学实时交流和互动，提高学习效果。

(2) 职业教育。该平台提供职业教育服务，包括职业技能培训、职业认证考试等。通过在线教育平台，学生可以学习到各种职业技能，如软件开发、设计制作、会计等。在学习过程中，学生可以通过在线测试、作业等形式进行考核，从而提高自己的职业素质和竞争力。

（3）学前教育。该平台提供学前教育服务，为幼儿家长提供各种在线学习资源，如启蒙课程、趣味学习等。通过该平台，幼儿可以在家中进行学习，提高自己的认知能力、语言表达能力等。

（4）科研创新。该平台为科研创新提供支持，包括学术论文撰写、科研项目申报等。通过在线教育平台，学生可以了解到各种学术资讯，如学术期刊、学术会议等。同时，学生还可以参与到各种科研项目中进行科研实践，提高自己的科研能力。

在线教育平台应用案例具体如下：第一，Coursera。Coursera 是一个全球性的在线教育平台，提供来自世界各地知名大学的数千门免费或付费在线课程。这些课程涵盖了多个领域，包括人文学科、社会科学、自然科学、医学、商业管理等。学生可以根据自己的兴趣和需求选择适合自己的课程，进行在线学习。该平台还提供课程证书，供学生在求职时使用。第二，Udacity。Udacity 是一个面向技术人员的在线教育平台，提供计算机科学、数据科学、人工智能等领域的在线课程。该平台的课程内容非常实用，由来自业界的专业人士授课，内容涵盖了当前最前沿的技术领域。学生可以通过课程作业、项目等方式进行考核和实践，提高自己的技术能力。第三，好未来在线教育。好未来在线教育是中国领先的在线教育平台，旗下有在线少儿英语、在线小学、在线初中、在线高中等多个产品。该平台的课程内容非常丰富，包括英语、数学、科学、语文等多个学科。学生可以通过在线学习、在线测试、在线作业等方式进行学习和考核。第四，MOOC 中国。MOOC 中国是中国政府支持的国家级在线教育平台，旨在为广大学生提供高质量、免费的在线课程。该平台提供的课程涵盖了多个领域，包括人文学科、社会科学、自然科学、工程技术等。学生可以通过在线学习、课程测验等方式进行学习和考核。第五，百度传课。百度传课是百度旗下的在线教育平台，提供多个领域的在线课程，包括语言学习、考试培训、职业技能、兴趣爱好等。该平台提供多种形式的课程，如在线直播、录播课程、微课等，以满足不同学生的需求。同时，该平台还提供多种形式的考核和反馈机制，以及优秀学生的表彰与奖励。

（二）虚拟实验室的应用案例

虚拟实验室是利用计算机技术模拟真实实验过程，通过虚拟化的实验环境和实验数据，为学生提供实验操作和数据分析的平台。虚拟实验室的应用可以极大地降低实验成本，提高实验效率，增加实验安全性，使学生可以随时随地进行实验学习，提高学生的实验技能和科学素养，同时也有助于培养学生的创新思维和实践能力。虚拟实验室的应用案例如下：

1. 化学实验

化学实验通常需要大量的试剂和设备，存在着较大的安全隐患，而且一些危险实验往往不适合学生进行，虚拟实验室则可以提供安全的实验学习环境。比如，某大学化学系建立了虚拟实验室，学生可以通过计算机进行化学实验的操作和数据分析，在掌握化学实验的基本操作和技能的同时，还可以理解化学反应机理和实验数据分析方法。

2. 生物实验

生物实验通常需要动物或者植物等生物样本，而且有些实验需要进行长时间的观察，这就给实验带来很大的困难。虚拟实验室可以提供生物实验的虚拟操作和数据分析环境，为学生提供生物学实验学习的平台。比如，某大学生命科学系建立了虚拟实验室，学生可以通过虚拟实验室进行生物实验的模拟操作和数据分析，学习细胞培养、基因操作等生物实验技能。

3. 物理实验

物理实验通常需要较高的实验设备和条件，而且有些实验操作也存在着一定的安全隐患。虚拟实验室不仅可以提供安全的学习环境，还可以减少对实验设备和条件的需求。比如，某大学物理系建立了虚拟实验室，学生可以通过计算机进行物理实验的模拟操作和数据分析，在学习物理实验的基本操作和技能的同时，还可以了解物理实验的基本原理和实验数据分析方法。

4. 工程实验

工程实验通常对实验设备和条件的要求较高，而且有些实验操作也存在着一定的安全隐患。虚拟实验室为工程实验提供了更加安全、经济、高效的实验方案。学生可以在虚拟实验室中模拟工程实验的操作，了解实验原理与过程，提高实验操作的能力和解决实际问题的能力。

五、教学管理优化

某大学对教学管理进行了优化，建立了教学评价和教学改进的机制。通过对教学过程和教学效果的评估，发现问题并及时改进，提高教学质量与教学效果。

（一）案例背景

某大学为了提高教学质量，建立了教学管理体系，其中包括教学评价和教学改进两个方面。在教学评价方面，该大学通过问卷调查和课堂观摩等方式，收集学生对教学质量的反馈意见；在教学改进方面，该大学通过提供培训课程、支持教师开展教学创新等方式，推动教师不断提高教学水平。此举得到了学生和教师的积极反响，教学质量和教学效果都得到了显著提升。

（二）教学评价机制优化

为了更全面地了解学生对教学质量的评价，该大学优化了教学评价机制，主要改进如下：

1. 问卷调查的优化

该大学通过完善问卷设计和调查方式，使问卷能更好地反映出学生对教学质量的评价。改进措施主要包括以下几点：

（1）问卷设计。该大学对问卷进行了全面的评估和优化，增加了评价的科目和评价的内容，能更好地反映出学生对教学质量的评价。

（2）调查方式。该大学通过多种方式进行调查，包括在线问卷、实地调查和课堂观摩等，使问卷调查更加全面和准确。

2. 课堂观摩的推广

该大学推广了课堂观摩制度，学生可以通过观摩其他教师的课堂来了解不同教学方式的优缺点，并对自己的学习进行改进。

通过这些优化措施，该大学收集到的教学评价反馈更加全面和准确，使其能够更好地了解教学质量的状况，并采取相应措施进行改进。

（三）教学改进机制优化

为了推动教师不断提高教学水平，该大学优化了教学改进机制，主要改进如下：

1. 提供培训课程

该大学为教师提供了多种培训课程，包括教学方法、教育技术、课程设计等方面。通过这些培训课程，教师可以了解到最新的教学理念和方法，提高自己的教学水平。

2. 支持教师开展教学创新

该大学支持教师开展教学创新，为教师提供教学创新的经费支持和教学创新项目的指导服务。教师可以根据自己的专业特点和教学需求，开展创新教学实践，如课程改革、教学方法创新、教学资源开发等。

3. 建立教学评价机制

该大学建立了科学、全面的教学评价机制，采用多种评价方式，包括学生评价、同行评价、上级评价等。学生评价是指学生对每门课程进行匿名评价，评价内容包括教学内容、教学方法、教师素质等；同行评价的评估内容包括教学效果、教学创新等；上级评价则由学校领导对教师的教学进行定期评估。

4. 提供教学改进支持

该大学为教师提供教学改进的支持，包括教学改进项目的指导、教学改进经费的支持等。教师可以根据自己的教学评价结果和实际情况，提出教学改进方案，并申请教学改进经费。该大学还为教师提供教学改进的指导服务，帮助教师制定教学改进方案，提高教学质量。

通过这些优化，该大学的教学管理得到了有效提升。教师的教学水平得到了提高，教学质量得到了保证，学生的学习效果也得到了显著提高。

这些案例都说明了高等教育管理与教学创新的整合实践的多样性和实用性，通过不同的途径和方式，可以促进高等教育的发展和教学质量的提高。

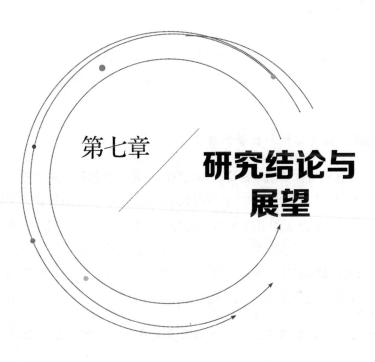

第七章 / 研究结论与展望

第一节　研究结论和贡献

一、研究结论

本书的研究旨在探讨高等教育管理与教学创新的整合问题，分析其关系、优化路径及实践案例，并提出未来的发展趋势和挑战。通过对文献资料的综合分析和对案例的研究，得出以下结论：

（一）高等教育管理与教学创新密不可分，相互促进

高等教育管理与教学创新都是高等教育的重要组成部分。高等教育管理是为了提高高等教育机构的效率和效益，促进其持续发展；教学创新是为了提高教学质量和培养质量，适应社会需求和发展趋势。两者相互依存、相互促进。高等教育管理需要关注教学创新的需求，为教学创新提供支持和保障；教学创新需要高等教育管理的支持和引导，为其提供资源和平台。只有将高等教育管理与教学创新相结合，才能实现高等教育的持续发展。

（二）高等教育管理与教学创新的整合需要建立协同效应和优化路径

高等教育管理与教学创新的整合需要建立协同效应和优化路径。一方面，高等教育管理需要建立教学创新的支持体系，包括教学资源的分配和管理、教师培训和支持、教学改革项目的实施和评估等，以促进教学创新的实现；另一方面，教学创新需要在高等教育管理的支持下，实现有效的落地和实施，包括教学改革的规划与实施、课程设置的优化、教学方法的改进等，以实现高等教育的目标。

（三）高等教育管理与教学创新的整合需要探索更多的实践案例和经验

在高等教育管理与教学创新的整合过程中，需要探索更多的实践案例和经验。这些案例和经验可以为高等教育管理者和教师提供有益的参考和借鉴。同时，也需要通过多种途径进行交流和分享，促进高等教育管理与教学创新的经验

共享。

　　未来，高等教育管理与教学创新的整合将面临更多的挑战和机遇。为了更好地推动高等教育现代化和提升教育质量，高等教育管理和教学创新应该在以下方面进行努力：

　　推动信息化和数字化转型。高等教育机构应该加强对信息技术和数字化技术的研究和应用，将其融入教学创新和管理中，提高教育质量和效率。

　　加强国际合作和交流。随着全球化进程的加速，高等教育机构需要积极拓展国际合作和交流渠道，与国际先进高等教育机构建立战略合作伙伴关系，吸收国际先进教学管理经验，促进本土高等教育的国际化。

　　强化数据驱动的管理。高等教育机构应该提升对数据采集、处理和分析的能力，通过数据驱动的管理方式，提高管理效率和决策质量，及时发现问题并解决问题。

　　建立创新型教师队伍。高等教育机构应该注重教师的专业发展和创新能力的培养，激励教师创新教学模式和方法，提高教学效果和质量。

　　加强学生素质教育。高等教育机构应该注重培养学生的创新意识、实践能力和终身学习能力，加强学生素质教育，使学生更好地适应未来社会和职业发展。

　　总之，未来高等教育管理与教学创新的整合需要不断探索和实践，面对挑战并抓住机遇，以更好地推进高等教育现代化和教育事业的可持续发展。

二、研究贡献

　　本书的研究对高等教育的现代化发展提供了一定的贡献，主要表现在以下几个方面：

（一）理论贡献

　　本书的研究对高等教育管理与教学创新的关系进行了深入探讨，提出了高等教育管理与教学创新整合的理论框架和协同机制，为高等教育现代化发展提供了理论依据和指导。

（二）实践贡献

本书的研究通过对高等教育教学创新的案例分析和成效评估，揭示了高等教育管理与教学创新整合实践的重要性和优势，并为高等教育教学改革提供了实践经验和借鉴。

（三）政策建议

本书的研究对高等教育管理与教学创新的整合提出了一系列政策建议，包括加强高等教育管理与教学创新的顶层设计，建立协同机制，鼓励教师参与教学创新等，为高等教育现代化发展提供了可行性建议。

综上所述，本书的研究对高等教育管理与教学创新的整合问题进行了系统研究，对高等教育现代化发展具有一定的理论意义和实践意义，为高等教育管理者、教师和相关政策制定者提供了有益的参考和借鉴。

第二节　研究展望

本书的研究主要探讨了高等教育管理与教学创新的整合问题，阐述了其概念、现状、理论与实践等方面的内容。在此基础上，未来的研究可以从以下几个方面展开：

一、继续深化高等教育管理与教学创新的整合研究

本书的研究在分析高等教育管理与教学创新的关系、互动和协同效应等方面取得了一定成果，但仍有很多问题需要进一步研究和解决。例如，如何实现高等教育管理与教学创新的有效融合？如何优化高等教育管理与教学创新的整合路径和策略？如何实现高等教育管理与教学创新的协同效应和协同创新？因此，未来的研究可以继续深化这些问题的研究，为高等教育管理和教学创新的整合提供更加有益的理论和实践支持。

二、探索高等教育管理与教学创新的新模式和新方法

随着科技的不断发展和社会的快速变化，高等教育管理与教学创新的整合需要不断创新和变革。未来的研究可以探索新的整合模式和方法，例如：利用人工智能、大数据、云计算等新技术促进高等教育管理与教学创新的智能化、信息化和网络化；探索新的管理策略和方法，如共享经济、数字化管理等，优化高等教育管理与教学创新的整合路径和效果。

三、建立高等教育管理与教学创新的评价指标体系和质量控制机制

高等教育管理与教学创新的整合需要建立科学的评价指标体系和质量控制机制，以保证整合的效果和质量。未来的研究可以探索建立基于学生学习成果和终身学习的评价体系和质量控制机制，以推动高等教育管理与教学创新的整合迈向高质量、可持续发展的方向。

四、深入探讨高等教育管理与教学创新的国际化合作与交流

高等教育管理与教学创新的整合需要借助国际化合作与交流的平台和渠道，积极与国际知名高校和教育机构开展交流合作，分享各自的管理与教学经验，学习借鉴先进的理念和技术，促进高等教育的跨越式发展。未来，随着全球化和信息化的深入发展，高等教育管理与教学创新的国际化合作与交流将更加紧密和广泛。研究者可以探索如何构建高等教育国际化合作与交流的平台和机制，加强国际间的交流合作，推动高等教育管理与教学创新的全球化进程。

此外，未来的研究还可以深入探讨高等教育管理与教学创新的数字化转型。随着信息技术的不断发展，高等教育机构在管理和教学方面也需要不断进行数字化转型。研究者可以探讨如何借助大数据分析、人工智能等新兴技术，提高高等教育的管理效率和教学质量，以及如何解决数字化转型过程中的风险和挑战。

最后，未来的研究可以进一步探讨高等教育管理与教学创新的可持续发展路

径。高等教育管理与教学创新需要长期的投入和保障，而可持续发展正是实现长期稳定发展的关键。研究者可以探索高等教育管理与教学创新的可持续发展路径和模式，制定长远的发展规划和措施，确保高等教育管理与教学创新的可持续发展。

参考文献

［1］陈雨生．大学信息化教学存在的问题与对策研究［J］．黑龙江教育（高教研究与评估），2022（4）：3-10.

［2］程泽．当代大学生心理特点与高校思想政治理论课改革的思考［J］．中华少年，2016（14）：91-93.

［3］戴可菡，吕晓慧．后现代主义时期高校教育心理学的发展对策研究［J］．中国多媒体与网络教学学报（中旬刊），2020（3）：116-120.

［4］董军．国学素养培育视野下大学语文课程教学改革研究［J］．戏剧之家，2018（20）：186.

［5］冯新新．高等教育数字治理的构成要素研究［J］．现代教育技术，2022（2）：11-13.

［6］郭明霞，黄娟．信息技术对教育发展的影响探究［J］．软件导刊，2013（6）：18-19.

［7］何健．高校治理体系现代化构建原则、目标与路径［J］．国家教育行政学院学报，2017（3）：35-40.

［8］教育部．教育信息化 2.0 行动计划［J］．小学教学（数学版），2018（7/8）：89-91.

［9］孔凌鹤．后疫情时代高校教学样态的展望与思考［J］．中国成人教育，2020（15）：90-92.

［10］雷朝滋．教育信息化：从 1.0 走向 2.0：新时代我国教育信息化发展的走向与思路［J］．华东师范大学学报（教育科学版），2018（1）：98-103，164.

[11] 李冰，宾军志．数据管理能力成熟度模型［J］．大数据，2017（4）：56-58．

[12] 李洪砚，袁苗．"十四五"规划编制项目管理成熟度模型研究［J］．项目管理技术，2021（5）：39-42．

[13] 刘海娟，肖博，赫子铭．基于团体动力学的班级心理健康教育活动实践与思考：以中国矿业大学（北京）为例［J］．北京教育（德育），2020（9）：104-109．

[14] 骆兵．国学教育与大学语文教学改革协同论略［J］．河南教育学院学报（哲学社会科学版），2015（6）：18-24．

[15] 綦小芹，佘丽丽．移动互联网环境下数字化教育资源共享新模式研究［J］．内江科技，2022（5）：61-66．

[16] 孙力，叶得学．基于云计算的高校教育资源共享服务平台构建研究［J］．安徽工业大学学报（社会科学版），2021（3）：12-20．

[17] 王明刚．粤港澳大湾区高职教育资源共享和协同发展研究［J］．黑龙江教师发展学院学报，2021（12）：48-54．

[18] 王盼．面向互联网的学前教育资源共享平台构建［J］．信息技术，2022（7）：3-10．

[19] 韦丽红．关于大学语文与国学教育的思考［J］．智库时代，2019（28）：56-58．

[20] 吴斌，范太华．基于高质量发展的高校继续教育新发展格局的构建［J］．中国成人教育，2021（14）：31-35．

[21] 徐锦珠．信息技术在教育教学中的使用研究［J］．成才之路，2016（19）：65-66．

[22] 徐智扬．"网络学习空间"在课堂教学应用的探索［J］．教育信息技术，2021（4）：37-39．

[23] 杨海亮．浅析信息技术对教育发展的影响［J］．信息通信，2014（9）：134-136．

[24] 尤新新．教育信息化发展对化学教育的意义：评《国际经验与本土实践：教育信息化推进战略研究》［J］．化学教育（中英文），2022（13）：21-23．

[25] 张瑞，张海川．基于"云"技术的高等教育资源共享制度设计与技术

支持［J］．产业与科技论坛，2020（22）：56-58.

［26］张文彬．虚拟现实技术在中职课程《计算机组装与维护》教学中的应用［J］．广东教育（职教），2018（5）：35-36.

［27］张颖群．基于泛雅教学平台线上教学的实践与思考：以《教育心理学》课程为例［J］．赤峰学院学报（自然科学版），2020（5）：113-120.

［28］赵鑫．线上教育资源共享的教师信任机制及其优化路径［J］．现代远距离教育，2021（3）：61-72.

［29］周铁权．加强教育信息化建设，发掘教育技术装备效能［J］．课程教育研究：学法教法研究，2016（17）：69-70.